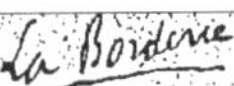

ÉTUDE BIBLIOGRAPHIQUE

SUR LES

CHRONIQUES DE BRETAGNE

D'ALAIN BOUCHART

(1514-1541)

PAR

ARTHUR DE LA BORDERIE
Correspondant de l'Institut.

(Édition de 1514.)

RENNES
H^TE CAILLIÈRE, LIBRAIRE-ÉDITEUR
2, *Place du Palais*, 2

M. DCCC. XIC.

A mon très cher ami et très savant maître Léopold Delisle souvenir très affectueux
A. de la B.

ÉTUDE BIBLIOGRAPHIQUE

SUR

ALAIN BOUCHART

ALAIN BOUCHART ÉCRIVANT SES CHRONIQUES

(Édition de 1514, f. 1; édition des Bibliophiles Bretons, f. limin. en regard du titre.)

ÉTUDE BIBLIOGRAPHIQUE

SUR LES

CHRONIQUES DE BRETAGNE

D'ALAIN BOUCHART

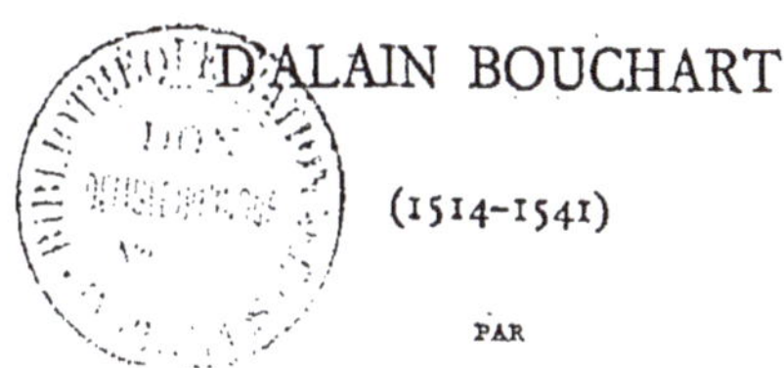

(1514-1541)

PAR

ARTHUR DE LA BORDERIE

Correspondant de l'Institut.

(Édition de 1514.)

RENNES

Hte CAILLIÈRE, LIBRAIRE-ÉDITEUR

2, *Place du Palais*, 2

—

M. DCCC. XIC.

TABLE

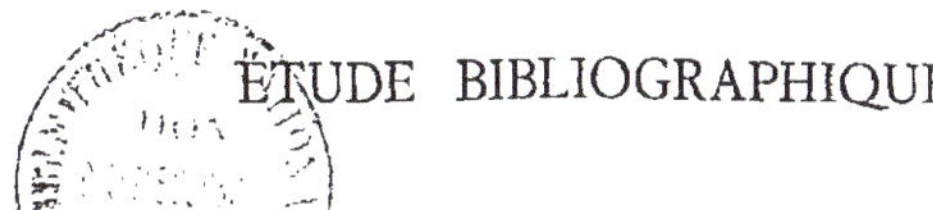

ÉTUDE BIBLIOGRAPHIQUE

SUR LES

CHRONIQUES DE BRETAGNE

D'ALAIN BOUCHART

IL existe cinq éditions des *Chroniques de Bretagne* d'Alain Bouchart, dont les dates sont : 1514, — 1518, — 1531, — 1532, — 1541. Toutes sont imprimées en caractère gothique.

Au point de vue du système typographique et même au point de vue du texte, ces éditions forment deux classes :

1° Celles de 1514 et de 1531, l'une et l'autre imprimées à Paris, à longues lignes, dont la seconde reproduit exactement le texte et les gravures de la première, et y joint des Additions allant jusqu'en 1531 ;

2° Les trois autres éditions, toutes trois à deux colonnes, dont les gravures diffèrent entièrement de celles de 1514 et de 1531, et dont le texte présente aussi çà et là avec celui de ces deux dernières quelques variantes phraséologiques sans importance pour le sens, mais qui décèlent une révision assez peu heureuse de la rédaction originale. Les Additions de ces trois éditions diffèrent notablement de celles de l'édition de 1531, et au contraire celles de 1518 sont reproduites dans les deux éditions de 1532 et de 1541 avec continuation successive, d'abord de 1518 à 1532, puis de 1532 à 1541. — Le lieu d'impression est marqué pour l'édition de 1518 seulement, c'est Caen : pour celles de 1532 et de 1541, quoiqu'on les ait jusqu'ici communément attribuées à la même ville, il n'y a nulle indication.

Bref, l'édition de 1514 est la seule qui ait été donnée par l'auteur ; celle de 1531 l'a été, probablement peu de temps après sa mort, par son éditeur. Les trois autres, à deux colonnes, sont des contrefaçons, ou du moins des impressions faites sans l'aveu de l'auteur, à son détriment et à celui de l'éditeur auquel il avait confié le soin de publier son ouvrage.

Nous indiquons de suite ces conclusions auxquelles nous a mené une étude attentive, afin que l'on comprenne plus aisément les différences que nous signalerons tout à l'heure dans la description détaillée de ces cinq éditions.

I

ÉDITION DE 1514

§ 1.

Description typographique.

Édition à longues lignes. — Format petit in-folio carré ou court, assez semblable d'aspect à notre grand in-8 jésus, quoique un peu plus large. — Hauteur du texte, 201 millimètres; largeur, 129. — Avec les marges, l'exemplaire de la Bibliothèque Nationale (coté L² k 442) mesure en hauteur 263 millimètres, en largeur 188; nous en possédons un qui va à 268 millimètres hauteur, et à 189 largeur.

La page de texte normale n'a pas 42 lignes, comme le dit M. Baron du Taya (1), mais 41. Quelques pages longues seulement vont à 42.

De même, le volume n'a pas 350 feuillets chiffrés, outre les 16 ff. de titre et de table (total 366 ff.), comme l'a dit aussi M. du Taya, trompé par la fausse chiffrature des 72 derniers feuillets, que nous expliquerons tout à l'heure. En réalité, ce livre comprend 16 ff. liminaires non chiffrés et 322 ff. formant le corps de l'ouvrage, tous chiffrés sauf les deux derniers, soit en tout 338 ff., au lieu de 366. Quelques exemplaires en ont 339, par suite de l'intercalation d'un feuillet non chiffré entre le 24ᵉ et le 25ᵉ cahier du corps de l'ouvrage ou, si l'on veut, entre le f. chiffré CXLVI et le f. CXLVII (2).

Le premier des feuillets liminaires (non chiffrés) est occupé au recto par le titre (dont on trouvera le texte plus loin) et au verso par le privilège. Les 15 autres ff. liminaires sont remplis par la table. — Ces 16 ff. liminaires se partagent en 3 cahiers signés Aa, Bb, Cc, les deux premiers de 6 ff. chacun, le dernier de 4.

Le corps de l'ouvrage se compose de 53 cahiers, tous de 6 ff. chacun, sauf le premier et le dernier, qui ont chacun 8 ff. Soit, comme nous l'avons dit, 322 feuillets. Ces cahiers sont signés comme suit :

a, b, c, d, e, f, g, h, i, k, l, m, n, o, p, q, r, s, t, v, x, y, z, 7, 2, — A, B, C, D, E, F, G, H, I, K, L, M, N, O, P, Q, R, S, T, V — aa, bb, cc, dd, ee, ff, gg, hh (3).

Pour les 41 premiers de ces cahiers, la chiffrature des feuillets est assez exacte. Il s'y trouve près d'une vingtaine d'erreurs, mais ces erreurs sont réparées et annulées dans la chiffrature des feuillets suivants, si bien que le dernier feuillet du cahier Q est chiffré CCXLVIII (248), ce qui est bien le compte des 41 premiers

(1) Dans son livre intitulé : *Brocéliande, ses chevaliers et quelques légendes* (Rennes, 1839), p. 330.

(2) Ce feuillet intercalaire porte au recto l'image de saint Yves ; nous y reviendrons en parlant de l'iconographie de cette édition.

(3) Les deux derniers cahiers du premier alphabet, dont, à défaut de caractères spéciaux, nous figurons ici les signatures par les chiffres 7 et 2, sont signés de deux abréviations de l'alphabet gothique, la première qui représente la conjonction *et*, l'autre la syllabe initiale *con* ou *com*, par exemple dans les mots *con*firmer, *com*mander, etc.

cahiers. Mais le premier feuillet du cahier R, qui suit immédiatement et devrait être chiffré CCXLIX (249), porte le chiffre de CCLXXIX (279), trop fort de 30 unités, et cette faute continuant jusqu'à la fin, tous les chiffres sont en avant de trois dizaines sur la chiffrature exacte, et c'est ainsi que le dernier feuillet chiffré, qui est le 320e du corps de l'ouvrage, porte le chiffre CCCL, que tous les bibliographes jusqu'ici ont pieusement reproduit comme donnant le nombre total des feuillets, ce qui est absolument erroné. Notez que, dans cette fausse chiffrature en avant de trois dizaines sur le chiffre exact, il y a encore dix fautes de pagination.

Le premier livre de l'ouvrage commence, par le prologue de l'auteur, au 1er feuillet, qui n'est point chiffré non plus que le 2e; le second livre commence au f. XLV verso; le *tiers* livre au f. XCVII recto; le quatrième, aussi appelé le *quart* livre, au f. CXLI verso et il va jusqu'à la fin de l'ouvrage, dont il forme à lui seul plus de la moitié.

§ 2.

Titre, souscription, privilège, marque du libraire.

Voici la reproduction figurée du titre :

LES GRANDES CRONIQUES DE Bretaigne nouuellement imprimees a Paris : tant de la gran de Bretaigne depuis le roy Brutus qui la cõquist & la appel la Bretaigne iusques au tẽps de cadualadrus dernier roy bre ton dicelle grande bretaigne ensemble tous les aultres bretõs y estans lors furent cõtrains de habandonner le pays pour les pestilẽces de ma ladie qui y souruindrent que lors les angloys de saxonie y vindrent habiter & la nommerent Angleterre. Que aussi de nostre bretaigne de present depuis la conqueste du roy conan meriadec breton, qui lors estoit appelle le royaulme dar morique iusques au temps & trespas de francoys .ii. de ce nom duc de bretaigne dernier trespasse pere de la feue royne de france nagueres decedee a qui dieu par doint, esquelles cronicques est mencion faicte daucuns notables faiz aduenuz es royaulmes de France Dangleterre Despaigne Descosse Darragon : & de nauarre, es Allemaignes, es Itales, en Lombardie, en Tartarie, en Iherusa lem : & aillieurs en plusieurs aultres pays & contrees durant le regne dun chas cun roy & prince desd. deux bretaignes.

(Ici, dans un encadrement large de 9 centim., haut de 7, formé d'un double filet, l'écusson de Bretagne surmonté de la couronne ducale et porté par deux anges.)

¶ Imprime a Paris par la permission du treshault, tresexcellant, trespuissant & treschrestian prince Loys .xii. de ce nom roy de france aux despens fraiz & mi ses de Galliot du pre marchant libraire demourant a paris tenant sa boutique en la grant salle du palays au second pillier, auquel ledit seigneur a permis les fai re imprimer cõme appert par ces lettres patentes estant au premier fueillet de ce liure.

La souscription occupe tout le verso de l'avant-dernier feuillet du volume, feuillet non chiffré, et qui est en réalité le 321e du corps de l'ouvrage; elle est fort curieuse, en voici la reproduction figurée :

¶ Cy finiſſent les grandes chronicques de Bretaigne, compoſees en langaige francoys. Acheuees dimprimer ou mois de Nouembre. Lan de grace mil .v. cẽs & .xiiii. Et ſupplie lacteur qui compoſee les a, a tous ceulx qui les liront ou orront lire, ſilz y treuuẽt quelque langaige mal aorne par deffaulte delegance ou plaiſant ſtille, quilz laient pour excuſe, attendu quil eſt natif de Bretaigne & que francois & breton ſont deux langaiges moult difficiles a diſertement pronuncer par vne meſme bouche. Et touchant les incongruitez prepoſteration ou deffaulte de mots ou lrẽs en leſcripture qui trouuees y ſeront, ſoient ces deffaultes imputees aux Imprimeurs : car en ce que lacteur leur a baille ny a aulcunes faultes a ſa con gnoiſſance. Au regart des matieres qui y ſont traictees Lacteur ny a riẽs mis du ſien, ains a le tout recueilly es precedantes hyſtoires chronicques & autres liures : & auſſi en ce que les ancieñes gẽs luy ont dit & rapporte. Le tout a la gloire de dieu & a la louenge & hõneur de treshaulx, treſexcellans & puiſſans prince & princeſſe Francoys .iii. de ce nom, & Claude ſa cõpaigne eſpouſe, par la grace de dieu duc & ducheſſe de bretaigne & de valoys, cõte & cõteſſe dangouleſme, de montfort, de richemont & deſtampes. & auſſi de toute la nacion de bretaigne. Leſquelz dieu par ſa ſaincte & benigne grace vueille preſeruer & entretenir en ce mortel ſiecle en paix en iuſtice en victoire & en toutes autres triumphantes proſperitez. Et a la fin nous donner a tous ſon benoiſt paradis. Amen.

¶ Lacteur requiert a tous liſans Le pater noſter & laue.
En priant dieu quil ſoit laue Des pechez qui luy ſont nuyſans.

(Ici un fleuron pareil à celui du titre.)

¶ Imprimees a paris par Iehan de la roche imprimeur demourant en la rue ſainct Iacques, pour Galliot du pre, marchant libraire demourant a paris : tenant ſa bouticque au ſecond pillier vers la chappelle ou lon chante la meſſe de meſſeigñrs les preſidens. Faict & paracheue dimprimer Le .xxv. de nouembre Mil cinq cens & .xiiii.

¶ De la grant ſalle du palays.

Quand Bouchart « ſupplie » le lecteur qui trouverait son « langaige mal aorné » ou son style peu élégant, de l'excuser « attendu qu'il eſt natif de Bretaigne, & que françois & breton ſont deux langaiges diffi« ciles à prononcer par une meſme bouche, » il se déclare évidemment par là Breton bretonnant. Le portrait d'Alain Bouchart, placé au f. 1 de ses *Chroniques* dans l'édition de 1514 et reproduit dans l'édition des Bibliophiles Bretons en regard du titre gothique, — ce portrait porte un écusson d'argent à trois dauphins de sable, ce qui est précisément les armes d'une famille noble du nom de Bouchart, connue au moins depuis le XIVe siècle, et qui habitait la paroisse du bourg de Batz [1]. Donc, cette Bretagne dont Alain Bouchart se dit natif, est bien la Bretagne bretonnante, mais ce n'est pas la Basse-Bretagne; c'est ce petit coin du Comté Nantais où la langue bretonne s'est conservée jusqu'à nos jours, et où elle occupait sans doute au XVIe siècle beaucoup plus de place qu'aujourd'hui. — Personne, à notre connaissance, n'avait relevé ce curieux renseignement fourni par l'auteur lui-même, non plus que sa naïve prière à ses lecteurs : *L'acteur requiert à tous lisans, etc.*

Le privilège, placé au verso du titre et daté de Paris 6 mai 1514, est donné *in extenso*. Le roi Louis XII déclare accorder, pour trois années, à partir de la date susdite, à son « bien aimé Galliot du Pré, marchant « libraire demourant à Paris, » le droit d'imprimer ou faire imprimer seul, à l'exclusion de tout autre, « vng « livre des histoires de Bretaigne, de tous les princes qui ont esté iusques au temps du duc Françoys de « Bretaigne, dernièrement faictz à l'honneur & louenge de feue nostre treschere & tresamée compaigne la « royne, que Dieu absoulle. » Ainsi, c'est comme un dernier hommage à la mémoire de la reine Anne de Bretagne, que Louis XII voulut favoriser la publication des *Chroniques* de Bouchart. On sait d'ailleurs, par le prologue de l'auteur, que cette princesse, qui s'était fait lire les trois premiers livres de l'ouvrage (jusqu'au règne du duc de Bretagne Jean le Roux), y avait applaudi et lui avait ordonné de l'achever.

Au verso du dernier feuillet du volume est gravée la marque du libraire : une nef surmontée d'une banderolle portant cette devise : VOGVE LA GVALLÉE, et au dessous de la nef le nom de GALLIOT DV PRÉ : marque reproduite par Silvestre dans ses *Marques typographiques*, n° 47.

§ 3.

Iconographie.

Les *Chroniques* d'Alain Bouchart étant le plus ancien livre breton pour lequel on se soit donné la peine de composer une *illustration* spéciale, cette ornementation mérite d'être décrite avec quelque détail. Elle consiste en douze gravures sur bois dessinées avec soin, et dont neuf au moins ont été faites pour l'ouvrage. Elles sont de belle dimension : la largeur moyenne est de douze centimètres; six d'entre elles sont assez hautes (elles passent dix-huit centimètres) pour tenir la page entière. Quatre sont reproduites plusieurs fois dans le livre. Voici les sujets de ces douze gravures.

I (Hauteur, 71 millimètres; largeur, 93). — Écusson de Bretagne surmonté de la couronne ducale et soutenu par deux anges : sur le titre, à la souscription, et au f. 135.

II (Hauteur, 135 millimètres; largeur, 118). — Alain Bouchart écrivant son livre des *Chroniques de Bretagne* (f. 1), assis devant un pupitre, dans une chaire en bois à dais et dossier sculptés; près de lui, sur le pupitre, son écritoire, son canif; tout autour de lui des livres; sur la base du pupitre, l'écusson des Bouchart; le tout encadré dans un P majuscule de la plus grande dimension et superbement fleuri, formant l'initiale de POVR, premier mot du prologue de l'auteur. Très joli portrait [2].

(1) Voir Baron du Taya, *Brocéliande*, p. 332, et *Biographie bretonne*, I, p. 149.

(2) Omis dans l'*Iconographie bretonne* de M. de Granges de Surgères.

LES SAINTS DE BRETAGNE

(Édition de 1514, f. 45 ; édition des Bibliophiles Bretons, f. 37.)

III (Hauteur, 186 millimètres ; largeur, 120). — Prise de Rome et assaut du Capitole par les Gaulois et les Bretons (f. 9 v°). Les oies qui sauvèrent le Capitole sont là très naïvement représentées. Bouchart revendique énergiquement pour les Bretons la principale part des exploits contre les Romains, ordinairement attribués aux seuls Gaulois, et pour mieux soutenir sa revendication, il met une cotte d'hermines à l'un des chefs, Belinus, qui a son nom écrit dans le dos. Brennus porte le sien sur le côté. Une autre étiquette, placardée sur la base du gros donjon carré gardé par les oies, ne permet à nul d'ignorer que c'est là *le Capitolle,* et une quatrième : *Romme,* collée sur un monceau de pierres, dit à tout venant le nom de la cité dont les Gallo-Bretons foulent aux pieds les ruines.

IV (Hauteur, 145 millimètres ; largeur, 122). — L'Annonciation, f. 19.

V (Mêmes dimensions). — La naissance de Notre-Seigneur, f. 20 v°. Ces deux bois, d'un dessin large et correct, mais d'un sentiment naïf tout à fait moyen âge, ont le même encadrement l'un et l'autre. Ils devaient faire partie d'une série de gravures religieuses destinée à décorer des missels, à laquelle on les a empruntées pour les placer ici.

VI (Hauteur, 95 millimètres ; largeur, 70). — Sainte Catherine d'Alexandrie, f. 37 v°. Bois médiocre, mis là par mégarde, tout à fait au-dessous des autres gravures.

VII (Hauteur, 186 millimètres ; largeur, 120). — Les Saints de Bretagne, f. 45. Répétés au recto du dernier feuillet du volume. Cette planche, divisée en trois zones horizontales ou, si l'on veut, trois étages, contient les figures de treize saints ou saintes de Bretagne, bien dessinées, bien drapées, dans le sentiment de l'art gothique. Au rez-de-chaussée, c'est-à-dire dans la zone inférieure, sont groupés les fondateurs des sept évêchés bretons proprement dits que l'on appelle par excellence *les Sept saints de Bretagne,* savoir, saint Samson, saint Malo, saint Brieuc, saint Patern, saint Corentin, saint Tudual, saint Paul de Léon. Saint Samson (évêque de Dol) a la croix archiépiscopale, et, sauf saint Patern, les autres tournés vers lui le reconnaissent pour leur métropolitain.— Dans la zone médiane sont représentés saint Donatien, saint Rogatien, sainte Ursule, fiancée, selon certaines légendes, au fabuleux Conan Mériadec. — Dans la zone supérieure, saint Gicquel (Judicaël) et saint Salomon, rois de Bretagne, et l'impératrice sainte Hélène, Bretonne insulaire selon les traditions de l'île de Bretagne.

Des treize personnages figurés dans cette planche, tous, excepté sainte Hélène, ont évidemment droit à figurer dans une iconographie de la Bretagne Armorique. Dans l'*Iconographie bretonne* de M. de Granges ils sont tous omis, sauf deux, saint Corentin et saint Malo, pour lesquels on n'indique même pas cette planche de Bouchart, qui offre cependant les plus anciennes images gravées de ces deux saints qu'on puisse citer.

VIII (Hauteur, 182 millimètres; largeur, 120). — Combat du roi Arthur contre le géant Flollo dans l'île Notre-Dame, à Paris, f. 64. Arthur, à demi renversé par le géant, est sauvé et puis vainqueur par l'intervention de la sainte Vierge, qui le couvre d'un pan de son manteau doublé d'hermines. « Et pour « cefte caufe, » dit Bouchart, « les rois & princes de Bretaigne ont depuis porté & encore portent en leurs « armes les hermines. » — Quoique le nom du roi Arthur soit le plus illustre de l'histoire et de la légende des deux Bretagnes, il est complètement omis dans l'*Iconographie bretonne* de M. de Granges.

IX (Hauteur, 134 millimètres ; largeur, 120). — Écusson de Bretagne soutenu par deux lions, surmonté d'un heaume ayant pour cimier deux cornes à mouchetures d'hermine entre lesquelles se joue un lionceau : cimier accompagné de vastes lambrequins, f. 96 v°. Reproduit aux ff. 144, 228, 299 v°, 305.

X (Hauteur, 182 millimètres ; largeur, 120). — Le duc de Bretagne tenant son Parlement, f. 118 v°.— Comme cette planche figure pour la première fois dans le livre en regard du chapitre intitulé : *Comment le duc Alain quatriefme* (Alain Fergent) *créa premièrement les fièges de la juftice & du Parlement de Bretaigne,* on ne peut douter que le dessinateur n'ait eu l'idée de représenter ce prince [1]. Cette gravure, dans les costumes, l'attitude, la disposition des personnages, n'a rien de commun — on le devine — avec l'époque d'Alain Fergent qui est le XIe siècle ; mais elle donne une vue générale, et probablement assez exacte, de l'assemblée ou, comme on disait, de l'*assise* des États de Bretagne au XVe siècle. Aussi, dans toutes les principales circonstances où Bouchart parle de cette assemblée, il a reproduit cette planche, qui se trouve ainsi répétée aux ff. 141, 237 v°, 286, 301 v° et 309.

XI (Hauteur, 182 millimètres; largeur, 118). — Saint Yves debout, dans son costume d'ascète, avec la housse (manteau fendu sur les côtés), la cotte à larges manches, le capuchon rabattu, la Bible en main : le tout conforme au costume du saint décrit dans l'enquête originale de sa canonisation, sauf le bonnet, dont le dessinateur de cette gravure l'a affublé à tort, alors que l'enquête ne lui donne d'autre coiffure que le capuce de son chaperon. A droite du saint, un homme du peuple agenouillé lui tend un sac de procès, sans doute pour supplier « l'avocat des pauvres » de défendre sa cause. Suivant un usage fréquent dans l'art du moyen âge, le saint, déjà entré dans la gloire puisqu'il est nimbé, a dans cette image une taille notablement supérieure à celle des simples mortels : si le pauvre qui l'implore se relevait et se redressait de toute sa hauteur, le sommet de sa tête n'atteindrait pas à l'épaule du saint. Cette taille surélevée est un symbole exprimant la grandeur, la puissance des habitants des cieux, l'exaltation de la nature humaine transformée par la sainteté. Symbole bien naturel, bien connu, et je n'y insisterais pas si l'on n'avait récemment — et à grand tort selon moi — formulé contre cette planche une critique fondée sur cette disproportion entre le pauvre et le saint [2].

La planche de saint Yves n'existait pas originairement dans l'édition de Bouchart de 1514; elle est gravée au recto d'un feuillet non chiffré, intercalé entre le 24e et le 25e cahier du corps de l'ouvrage, entre le f. 146 et le f. 147 ; au verso de ce feuillet intercalaire on a reporté, sauf trois lignes, toute la composition du f. 146 verso, en sorte que, sauf ces trois lignes terminant le chapitre commencé au recto, le verso du f. 146 reste blanc. Dans les exemplaires, assez nombreux, de l'édition de 1514 où l'on n'a pas ajouté le feuillet intercalaire et la planche de saint Yves, le f. 146 verso est, au contraire, aussi chargé d'impression que les autres pages.

Quoique la figure de saint Yves ait été reproduite des centaines de fois, avec des formes et des attributs divers, par le dessin, la gravure et la lithographie (sans parler des autres arts), l'*Iconographie bretonne* de M. de Granges ne contient même pas son nom.

XII (Hauteur, 182 millimètres; largeur, 120). — La bataille d'Aurai, f. 172 v°. Sur le devant de cette gravure on voit les deux prétendants : Jean de Montfort, l'épée au poing, fièrement campé sur son dextrier tout bardé d'hermines ; à ses pieds Charles de Blois, qui vient de vider les arçons, gît étendu et rend le dernier soupir. Il y a beaucoup de vie et de verve dans le choc des deux armées ; seulement on est étonné de voir sur le premier plan autant de chevaux, car des deux côtés à Aurai on se battit à pied : en y regardant de près on reconnaît que les deux princes et leurs écuyers sont seuls à cheval, tous les autres combattants sont des piétons. Dans le fond, la ville d'Aurai est représentée par un donjon et des tours un peu fantastiques ; aussi a-t-on eu soin d'y inscrire en toutes lettres le nom d'*Aulroy;* de même chacun des deux prétendants a son étiquette : *Montfort* et *Cha. de Bloys.*

(1) L'*Iconographie bretonne* de M. de Granges mentionne Alain Fergent, mais non cette planche de Bouchart, la plus ancienne représentation gravée de ce prince.

(2) Voir M. l'abbé France, *Saint Yves, étude sur sa vie et son temps*, § XII, dans les *Mémoires de la Société archéologique des Côtes-du-Nord*, 2e série, t. III (1888), p. 85.

§ 4.

Remarques diverses.

Le papier de cette édition est beau, blanc et fort. Le tirage, très noir, est généralement très net. Toutefois on y a employé deux caractères, qui se ressemblent beaucoup, mais dont l'un semble tout neuf et l'autre un peu usé, celui-ci moins net par conséquent, moins beau au tirage : en outre, le plus neuf a un aspect plus allongé, plus délié. On voit surtout la différence des deux caractères quand ils sont employés en regard l'un de l'autre, par exemple au f. 146 recto et au verso précédent, au f. 170 v° et 171 r°, 314 v° et 315 r°, 319 v° et 320 r°, etc.

Il y a aussi quelques feuillets d'un tirage médiocre, tantôt trop maigre, plus souvent trop gras, parfois jusqu'à la bavure, entre autres aux ff. 322 r° et 325 v°.

L'exemplaire de la Bibliothèque Nationale — très beau — n'a pas la gravure de saint Yves. Il est revêtu d'une reliure pleine en maroquin rouge, de Trautz-Bauzonnet.

Dans l'exemplaire de la Bibliothèque de la ville de Nantes, au bas du f. 143 verso, où il y a beaucoup de blanc, on lit cette note manuscrite :

« *Le second iour de Nouembre lan mil cinq centz vignt & neuff, venerable & discret Mr Pierre Robert, prieur de Rochederyen & recteur de Locyuy, Tregrom & de Hengoet, & Yuon Jegou, vicaire de Locquenuel, partirent de ceans pour aler à Rome & saluer Notre Dame de Lorette. Dieu leur doinct bon voyaige.* »

Et au bas du f. 144 recto, au-dessous d'une reproduction de la planche IX ci-dessus décrite, on trouve cette autre note : « *Rest da ober piezres* », sans doute en langue bretonne, surtout à cause du mot *da* qui signifie *à*. Quant à *Piezres* c'est une forme bretonne de Pierre. Aussi, quoique en breton *ober* = faire, peut-être faut-il voir dans *Ober Piezres* le nom un peu altéré de Pierre Robert, mentionné dans la première note, prieur de la Roche-Derien, et qui était alors évidemment le possesseur de cet exemplaire de Bouchart. Et ainsi *Rest da Ober Piezres* pourrait vouloir dire tout simplement : « Appartient à Pierre Robert. » — Au reste, qu'on trouve une meilleure explication, je suis prêt à l'adopter.

II

ÉDITION DE 1518

§ 1.

Description typographique.

Édition à deux colonnes. Même format que l'édition de 1514. Hauteur du texte, 198 à 199 millimètres, largeur 134 ; largeur de chaque colonne, 65 millimètres. — Avec les marges, l'exemplaire de la Bibliothèque Nationale (coté L²k 442 A) mesure en hauteur 252 millimètres et en largeur 184.

La colonne de texte, normale, ne porte pas 52 lignes, comme le dit M. Baron du Taya(1), mais 50 seulement.

(1) Dans *Brocéliande et ses chevaliers*, p. 330.

Ce volume comprend 12 feuillets liminaires non chiffrés, outre 264 ff. chiffrés de I à CCLXIII et le dernier sans chiffrature.

Le premier des ff. liminaires porte au recto le titre de l'ouvrage, titre fort long, fort détaillé, que nous reproduisons plus loin ; le verso est blanc. Les autres ff. liminaires, depuis le 2e r° jusqu'au 12e r°, sont occupés par la table. La partie inférieure du 12e recto est remplie par une gravure sur bois d'un caractère banal, représentant un roi en conférence avec ses conseillers et à gauche, à quelque distance, ses gardes armés de hallebardes. Le verso de ce 12e f. est occupé par deux autres planches, réductions fort médiocres des planches VII (les Saints de Bretagne) et XI (saint Yves) de l'édition de 1514; saint Yves tient le haut de la page et les Saints de Bretagne le bas. — Ces 12 ff. liminaires se partagent typographiquement en 2 cahiers, signés *a* et *b*, de 6 ff. chacun.

Les 264 ff. chiffrés se partagent en 44 cahiers signés de deux alphabets, les 21 premiers de A à X, les 23 derniers de AA à ZZ. Tous ces cahiers sont de 6 ff. chacun, sauf le premier (cahier A) qui en a 8, et le dernier (ZZ) qui n'en a que 4.

Outre le texte de la première édition (quelque peu modifié çà et là dans sa phraséologie), et qui s'arrête à la mort de François II, duc de Bretagne (9 septembre 1488), ces 264 ff. contiennent une *Addition* ou continuation s'étendant jusqu'à 1518. Le texte de la première édition se termine dans cette édition-ci, vers le bas de la 2e colonne du f. 219 r°, par ces deux lignes : « Plaiſe a Dieu par le merite de ſa paſſion « col || locquer ſon ame en ſon paradis. Amen. » — Après quoi cette colonne n'a plus que trois lignes en gros caractères, qui sont l'annonce et le titre général des *Additions*, ainsi conçu :

« *Addition iuſques au temps pre-* || *ſent commencant au roy Charles* || *viii de ce nom.* »

Au verso, titre spécial fort long, commençant ainsi : « Comment le roy Charles huyctief || me deleſſa « Marguerite de Flandres » etc.

Le 264e et dernier f. ne porte aucun texte : le verso est blanc, au recto on a reproduit la planche (en réduction) des Saints de Bretagne, que nous avons signalée plus haut au verso du 12e f. liminaire.

§ 2.

Titre et souscription.

Le titre, imprimé en rouge et noir, n'a pas moins de 38 lignes. En voici, ligne pour ligne, la transcription figurée. La première ligne est rouge, ainsi que, dans les autres lignes, tous les mots imprimés ci-dessous en italique :

LES GRANDES CRONICQUES DE
Bretaigne, nouuellement imprimees, reueues
& corrigees depuis la premiere impreſſion : tant de
la grande *Bretaigne* depuis le roy *brutus* qui la
appella *Bretaigne* iuſques au temps de Cadualadrus dernier roy breton dicelle grande Bretaigne, enſemble tous les
autres bretons y eſtans lors furent cõtrains de habandõner
le pays pour les peſtillences de maladie qui y ſuruindrent,
que lors *les angloys* de ſaxonie y vindrent habiter, & la nommerent *Angleterre*. Que auſſi de noſtre bretaigne de preſent
depuis la conqueſte de *Conan meriadec* breton. qui lors eſtoit

appelle le royaulme darmorique, iuſques au tēps & treſpas de francoys .ii. de ce nom duc de bretaigne dernier trepaſſe pere de la feue *royne de france* nagueres decedee : a qui dieu pardoint Deſquelles croniques eſt incluſion faicte [illegible] tables faictz aduenus es royaulmes de *France Dangleterre Deſpaigne*, Deſcoſſe, Darragon, & de Nauarre. es Allemagnes *es ytalies, en lombardie, en tartarie, en iheruſalem.* & ailleurs en pluſieurs autres pays & contrees durant le regne dūg chaſcun roy & prince deſdictes deux bretaignes.

Addicions depuis le roy charles .viii. iuſques
A lan Mil cinq cens dixhuyt

Item a eſte adiouſte la cronique faicte es ytalies & de la les mons & principallement la iournee de fornoue faicte par le feu roy charles .viii. de ce nō & des merueilleux faitz dudit roy charles iuſques a ſon retour en france. Lequel auoit madame anne ſeulle heritiere de bretaigne.
Item cōme apres le decez dudit charles Loys .xii. ſucceda a la courōne de france & duche de bretaigne par les eſpouſailles & accords faitz entre led. roy loys & lad. anne. Et cōment elle fiſt triūphamment pluſieurs entrees, tant a Paris Rouen Lyon : & pluſieurs autres villes dudit royaume. Et cōme elle alla viſiter ſad. duche de Bretaigne, & alla de ville en ville, ou elle fut receue a grant hōneur & triumphe ainſi qu'on pourra veoir.
Item y eſt contenu les funerailles & obſeques dud. Loys & comme treſilluſtre & magnanime prince Francoys premier roy de ce nom a eſpouſe treſnoble dame Glaude premiere fille naturelle & legitime de france. Et finablement y eſt comprins le baptiſement du daulphin & premier heritier de france & duc de bretaigne.

CUM PRIUILEGIO

On les vent chez michel angier libraire de luniuerſite de caē demourant aud. lieu pres le pont ſaint pierre.

L'extraordinaire développement de ce titre tient surtout à sa seconde partie, qui regarde l'*Addition*. La première partie reproduit exactement celui de 1514, sauf cette clause : « reveues & corrigees depuis la « premiere impreſſion », qui a été ajoutée et, on le verra, très mal justifiée. Pour l'*Addition*, l'éditeur, en homme qui entend la réclame, a tenu à lui donner sur le titre un développement égal à celui du corps de l'ouvrage, pour faire croire qu'il avait grossi le livre de moitié, ce qui est très inexact.

La souscription est au verso du feuillet 263. Ce verso est divisé en cinq colonnes, dont les quatre premières, de gauche à droite du verso, sont occupées par la *Liste des rois et ducs des deux Bretagnes* (reproduite dans l'édition des Bibliophiles Bretons, à la p. 14 de l'*Appendice*), et la cinquième colonne, la dernière à droite, renferme la souscription coupée en 35 petites lignes, ainsi conçue :

Cy finiſſent les gran || des cronicques de Bre- || taigne, cōpoſees en || langage francoys, || veues, corrigees, & || augmentees, nou- || uellement, auec ad- || dicions faictes dem || puis les Roy char- || les .viii. de ce nom. || & Loys .xii. iuſques au || roy francoys premier || de ce nom. Et prin- || cipallemēt iuſques || au baptiſement de || mōſieur le daulphin || filz legitime dudict || roy francoys, & de || ma dame glaude. et || auec ce y eſt comprin || ſe la benedictiō que || le pape a donnee au || roy francoys a la na- || tiuite de ſō enfant.

Imprimees pour || Michel angier librai || re de luniuerſite de || Caen, demourant || aud. lieu pres le pōt || ſaint pierre. Et fu- || rent acheuees le dix || iesme iour de Iuing || Lan de grace Mil. || cinq cens dix huyt.

Cum priuilegio.

Cette souscription, sauf le jour précis de la fin de l'impression, ne nous apprend rien de plus que le titre. Michel Angier est bien l'éditeur du livre, nous pouvions déjà le conclure puisque le titre nous apprend qu'il en avait le dépôt ; mais il n'en est nullement l'imprimeur. De celui-ci nous ignorons le nom, et même en réalité le lieu de l'impression, encore qu'il y ait présomption en faveur de Caen.

§ 3.

Iconographie.

L'éditeur de Bouchart en 1518 eut, sans doute, la prétention de donner à son édition une illustration capable de rivaliser avec celle de 1514, de l'emporter même sur elle par le nombre des planches. On y trouve en effet jusqu'à vingt gravures sur bois. Mais mieux vaut la qualité que le nombre. Tous ces bois sont médiocres, la plupart même fort médiocres, et sur ce grand nombre il n'en est que trois dessinés et gravés pour le livre, encore sont-ils simplement des réductions de trois des planches de 1514. Voici en quoi consiste cette illustration.

I. — Un roi en conférence avec ses conseillers, à quelque distance ses gardes couverts d'armures et armés de hallebardes, au 12ᵉ f. liminaire recto. — Répété aux ff. 81 et 258 v°.

II. — Saint Yves ; réduction très médiocre de la planche XI de 1514 ; le dessin est retourné, le pauvre est à la gauche de saint Yves au lieu d'être à sa droite, et le saint tient la Bible de la main droite au lieu de la gauche, au 12ᵉ f. liminaire v°. — Répété au f. 99.

III. — Réduction assez fidèle de la planche VII de l'édition de 1514, contenant les *Sept saints de Bretagne,* et au-dessus d'eux SS. Donatien et Rogatien, sainte Ursule, sainte Hélène, S. Salomon, S. Gicquel, au 12ᵉ f. liminaire verso. — Répété aux ff. 33 et 264.

IV. — Un scribe à genoux, écrivant sous la dictée d'un prêtre ou docteur assis dans une chaire, f. 1. — Cela a la prétention de remplacer le joli portrait d'Alain Bouchart qui orne le f. 1 de l'édition de 1514, mais cette planche de 1518 est un bois banal et grossier, sans caractère, et qui n'a certainement pas été fait pour l'ouvrage. — Répété au f. 21.

V. — Réduction médiocre de la planche III de 1514, représentant la ville de Rome et l'assaut du Capitole par les Gaulois et Bretons, sous les ordres de Belinus et de Brennus, — f. 7. Comme pour saint Yves, le dessin est ici retourné de droite à gauche et réciproquement. Cette planche n'ayant que 68 millimètres de largeur sur 97 de hauteur, on l'a entourée de bandes d'encadrements ornées de feuillages, oiseaux, etc., tirées de livres d'heures, et entre ces bandes et la gravure on a fait tourner, sur les quatre côtés, cette ins-

SIÈGE DU CAPITOLE PAR LES GAULOIS

(Édition de 1514, f. 9 v°; édition des Bibliophiles Bretons, f. 10.)

cription en grosses lettres gothiques, dont le texte est incomplet : *Les Rommains se fioyent que* (sic) || *les deffendroit de leurs ennemis* || *Mais neussent este les oayes le capitole de* || *Romme eust este prins.* — Comme dans la planche de 1514, on a ajouré celle-ci de façon à y ménager quatre ouvertures en forme de passe-partout, où l'on a imprimé ces quatre étiquettes : *Le Capitole* — *Brennus* — *Belinus* — *Romme.*

Ce qui est curieux, c'est que, sans y rien changer autre chose que les noms inscrits dans les passe-partout, cette planche a été reproduite deux fois dans ce volume et pour représenter deux événements n'ayant aucun rapport ni ressemblance avec le siège du Capitole, à savoir, la défaite des Bretons à Saint-James de Beuvron en 1425 (f. 167) et la victoire de Charles VIII, roi de France, à Fornoue en 1495 (f. 237). Cette double transformation n'a coûté à l'éditeur de 1518 autre peine que de changer les noms des passe-partout. Pour la journée de Saint-James de Beuvron, il a remplacé *le Capitole, Brennus, Belinus* et *Romme,* par : *S. iame* — *Mollac* — *La mote* — *Coitigny* (pour Coëtivy) ; et pour Fornoue, par : *fornoue* — *Le roy* — *Charles* — (le 4e passe-partout blanc). Dans le reste nul changement. Quoiqu'il n'y eût dans ces batailles ni tour ni donjon, la grosse tour carrée du Capitole occupe toujours le milieu de la scène, les Gaulois montent toujours aux échelles, les oies allongent fièrement le cou aux fenêtres et par-dessus les créneaux, et de chaque côté de la tour deux longues files de pendus — représentant les sentinelles romaines punies de leur paresse — dansent en l'air accrochés à des potences monumentales. Et tout cela représente *ad libitum* la victoire de Fornoue ou la déroute de Saint-James ! On ne peut rien rêver de plus grotesque : cela montre l'inspiration purement mercantile, sans goût ni intelligence, qui a présidé à cette édition.

Quant aux gravures dont il nous reste à parler, il est évident, à la première inspection, qu'aucune d'elles n'a été dessinée ni gravée en vue des *Chroniques* de Bouchart. L'éditeur ou l'imprimeur a cherché dans son approvisionnement de planches banales, ayant déjà servi à d'autres ouvrages, celles qui pourraient plus ou moins s'adapter aux principaux événements de l'histoire de Bretagne, puis il les a plaquées à droite, à gauche, un peu au hasard, souvent très maladroitement, comme nous l'avons déjà vu et le verrons de nouveau tout à l'heure.

VI. — L'Annonciation, f. 14 : bois banal mais assez joli ; il en est de même du suivant.

VII. — Notre-Seigneur dans la crèche, f. 15.

VIII. — Sainte Catherine, f. 28 : très banal.

IX. — Combat naval livré entre deux vaisseaux qui se heurtent, sur l'un desquels flotte une flamme fleurdelisée, f. 45. Cela est censé représenter ici la conquête de la Norvège par le roi Arthur. — Répété au folio 248, où il n'est nullement question de combat naval.

X. — Deux bois accolés, représentant chacun un cavalier, dont l'un (celui de droite) porte en croupe un compagnon, f. 66, v°. Ici, cela semble un simple ornement marquant la fin du second livre des *Chroniques de Bretagne.* Plus loin, au f. 189 v°, où ils se trouvent reproduits, ces deux cavaliers sont chargés à eux seuls de représenter l'entrée à Rennes du duc de Bretagne François II, — et au f. 234 v°, celle de Charles VIII à Lyon après son retour d'Italie, en novembre 1495 : ce qui est encore assez grotesque.

XI. — Un roi sur son trône, entouré de ses conseillers ; le dossier du siège ou trône est orné de 3 fleurs de lis, 2 et 1. Au-dessus de la tête des conseillers, une grosse moucheture d'hermine, qui semble avoir été après coup ajoutée à ce bois banal, lequel ici (f. 96 v°) n'a d'autre fonction que de marquer et orner (?) la fin du troisième livre des *Chroniques* de Bouchart.

XII. — Bois banal mais assez joli, représentant les épousailles d'un prince et d'une princesse, f. 101 v°. Il paraît trois fois dans le volume : ici il est censé figurer le mariage du duc breton Arthur II avec Iolande de Montfort ; au f. 175, celui du duc François Ier avec Isabeau d'Écosse ; au f. 219 v°, l'union de Charles VIII, roi de France, avec Anne de Bretagne.

XIII. — Un combat en champ clos, ou duel judiciaire, en présence d'un roi et d'une reine placés dans une tribune pour voir ce spectacle, f. 172 v°. — C'est par ce bois grossier et banal que l'édition de 1518 remplace la belle planche de la bataille d'Aurai, donnée dans l'édition de 1514. Plus loin, au f. 229, ce même bois reparaît pour représenter les « jouftes tenues à Naples par le feigneur de Chaftillon & le feigneur de Bordillon. »

XIV. — Un roi sur son trône, entouré de ses conseillers, et devant lui un personnage à genoux, f. 118 v°. Ce bois banal a dans ce volume mission de représenter les conseils et assemblées d'États et les conférences diplomatiques. Ici il est en regard du chapitre intitulé : « Du confeil que les François baillérent à leur roi » après la bataille d'Aurai; — puis, il est reproduit successivement en face de « l'arreft donné par le Parlement (c'est-à-dire par les États de Bretagne) contre ceux de Penthièvre » (f. 162), — du Parlement général (ou États) tenu à Vannes par le duc Pierre II (f. 185), — et du chapitre où on raconte la délibération des conseillers du roi Charles VIII qui aboutit au traité du Verger (f. 218 v°).

XV. — Un camp, d'où viennent deux guerriers qui se présentent devant une ville murée et parlementent avec trois personnages placés sur les remparts de cette cité, f. 173 v°. Ce bois est censé représenter « Comment les Françoys, à l'aide du conneftable de Richemond, recouvrèrent Paris. »

XVI. — Au f. 213 est le chapitre intitulé : « Comment le duc (François II de Bretagne) & les princes & feigneurs qui auecques luy eftoient partirent haftivement de Maleftroit & tirèrent à Vennes & de là à Nantes (en 1487); » en face de ce chapitre est un bois grossier représentant Charlemagne qui revient avec son armée dans la vallée de Roncevaux, où il trouve Roland mort près de son olifant brisé. Quel rapport entre cette planche et ce chapitre? Au f. 254 v°, cette chevauchée de Roncevaux est reproduite pour représenter « les jouftes & tournois tenus à Paris par le duc de Valoys & de Bretagne, duc d'Angoulefme, » le futur roi François Ier. — De plus en plus absurde.

XVII. — En regard du chapitre « Du fiege de Nantes » (f. 214), un bois qui n'a point été fait pour représenter ce siège, mais n'en est pas moins assez curieux. On y voit une ville forte dont la porte est défendue par deux tours carrées; derrière cette porte, sur la muraille, deux femmes coiffées chacune d'un diadème. Devant la ville deux tentes d'un camp assiégeant, gardé par une sentinelle armée de toutes pièces, pique en main. Trois pièces de canon, dont une au moins est montée sur roues, sont en batterie devant la ville. On voit deux boulets lancés par deux d'entre elles; on distingue aisément, dans une de ces pièces, la *boîte* ou *chambre*, d'un diamètre plus fort que celui de la *volée*. Cinq boulets sont à terre auprès de ces pièces, qui ne semblent pas d'un fort calibre.

XVIII. — « Comment l'armée de Bretaigne marcha tirant à Saint-Aubin » (f. 216). Cette *marche* de l'armée bretonne est figurée par une *mêlée* de chevaliers à pied et à cheval; et ce bois est reproduit un peu plus loin (f. 232) pour représenter l'armée du roi Charles VIII marchant vers Fornoue.

XIX. — Quant à la bataille même de Saint-Aubin du Cormier, la planche qui s'y rapporte (f. 217) représente... devinez quoi? Un combat naval! A force d'être bête, à la fin, ça devient amusant.

XX. — Dans les *Additions* de 1518, l'épisode le plus développé de beaucoup est le récit de la naissance et du baptême du dauphin, premier fils du roi François Ier et de la reine Claude. L'illustration n'a point le luxe ni le développement du texte. Elle se borne à une petite gravure (f. 261), un peu moins large que l'une des colonnes de l'imprimé et représentant un baptême par immersion. Un évêque verse de l'eau sur la tête d'un catéchumène plongé à mi-corps dans une cuve carrée, près de laquelle sont trois témoins, deux parrains sans doute et une marraine. Ce bois banal peut d'autant moins représenter le baptême du petit dauphin que le catéchumène a la taille d'un homme fait.

Banalité, inexactitude, mercantilisme : tel est jusqu'au bout, on le voit, le triple caractère de cette prétentieuse illustration.

§ 4.

Remarques diverses.

Le privilège donné par le roi à Galliot du Pré, pour l'impression exclusive pendant trois ans des *Chroniques* de Bouchart, expirait le 6 mai 1517, et d'après la souscription de la seconde édition, l'impression de celle-ci était achevée dès le 10 juin 1518. Michel Angier se mit donc à l'œuvre dès l'expiration du privilège. Tout révèle dans son édition la préoccupation mercantile, l'idée de faire un livre à bon marché, afin de couper l'herbe sous le pied à Galliot du Pré qui avait encore à vendre, sans aucun doute, bon nombre d'exemplaires de son édition. Dans celle de 1518 — outre la disposition à deux colonnes — papier, tirage, caractère, tout est inférieur à celle de 1514. Le papier est moins blanc, le caractère moins grand, moins net et moins élégant, le tirage plus baveux; nous venons de voir combien l'illustration est banale et ridicule, mais on a multiplié les vignettes pour tirer l'œil du client : ce faux luxe ne coûtait guère.

Quant aux prétendues corrections du texte de 1514, elles sont étranges : elles se bornent à semer çà et là, en certains passages, quelques mots absolument superflus. On en jugera par la mise en regard de quelques lignes de l'une et de l'autre édition, prises au début du récit de la bataille de Saint-Aubin du Cormier en 1488.

Édition de 1514, f. 347 v°.

.... Ces François estoient sortis de Foulgeres & marchoient deliberez de combattre larmee de Bretaigne, & si ne marchoient pas en ordre de bataille, car pas si pres ne les cuidoient. A ceste cause file à file venoient, pour cuider estre les premiers à Sainct Aulbin. Gabriel de Montfaulcon & dix ou douze hommes darmes françoys, qui deuant cheuauchoient, aduiserent de loin larmee des Bretons qui ia estoit en bataille & en moult belle ordre... Ledit Gabriel se arresta quelque peu pour veoir la contenance des Bretons, & vit quilz ne marchoient point.

Édition de 1518, f. 217.

.... Ces Françoys estoient sortiz de Foulgeres & marchoient *bien* deliberez de combattre *toute* larmee de Bretaigne, & si ne marchoient pas *bonnement* en ordre de bataille, car pas si pres ne les cuydoient. A ceste cause file à file venoient pour cuider estre les premiers à *Monseigneur* Sainct Aubin. Gabriel de *Montfaulcoys*, dix ou douze *aultres nobles* hommes françoys, *preux & vaillans en armes*, qui deuant cheuauchoient, aduiserent de loing larmee des Bretons qui ia estoit en bataille & en moult belle ordre *& plaisante...* Ledit Gabriel se arresta quelque peu pour veoir *& contempler* la *belle* contenance des Bretons, & veit quilz ne marchoient point.

On peut juger de la valeur de ces prétendues corrections, qui ne font que surcharger et alourdir le style de Bouchart, sans aucune utilité. Souvent c'est pis, et au lieu de corrections ce sont de grosses fautes, altérant le sens gravement, qu'on trouve dans l'édition de 1518. Par exemple, dans le chapitre de la bataille d'Aurai en 1364 :

Édition de 1514, f. 171 v°.

Messire Charles de Bloys, par le conseil de messire Bertrand de Glesquin,... ordonna ses batailles, & en fit troys & vne arriere garde. Celuy messire Bertrand eut la premiere auecques aucuns barons de Bretaigne. La seconde, le conte d'Auxerre & le conte de Ioigny auecques *grande foeson de cheualiers de France. La tierce, messire Charles de Bloys* & les autres barons de Bretaigne, comme le viconte de Rohan, le seigneur de Léon, le sire d'Auaulgour, messire Charles de Dinan, le seigneur de Malestroict & le sire dAnceniz. Et en larriere garde estoit le sire de Raiz, etc....

Édition de 1518, f. 116 v°.

Messire Charles de Bloys, par le conseil de messire Bertrand de Glesquin,... ordonna ses batailles, & en fit trois *en* vne arriere garde. Celuy Bertrand eut la premiere auecques aucuns barons de Bretaigne; la seconde, le conte dAuxerre & le conte de Ioigny auec aultres barons de Bretaigne, comme le *conte* de Rohan, le seigneur de Léon, le sire dAuaulgour, messire Charles de Dinan, le seigneur de Malestroit & le sire dAnceniz. Et en larriere garde estoit le sire de Raiz, etc....

On voit que l'édition de 1518 omet ici treize mots du texte de 1514 : mots dont l'omission renverse absolument le sens, en mettant sous les ordres de deux Français des grands seigneurs bretons comme Rohan, Avaugour, Dinan, etc., qui n'eussent jamais accepté cette situation ; cela aboutit de plus à supprimer l'une des divisions de l'armée de Charles de Blois, par suite à changer et troubler essentiellement l'ordonnance de la bataille d'Aurai, dont le récit devient incompréhensible. Voilà, à titre d'exemple, l'une des *corrections* de cette édition si soigneusement « revue et corrigée. »

L'intérêt de l'édition de 1518 est dans ses *Additions*, qui paraissent ici pour la première fois et renferment beaucoup de renseignements intéressants. Il est vrai qu'elles sont reproduites mot pour mot dans les éditions de 1532 et de 1541, sauf un épisode bien plus développé ici que partout ailleurs, la relation du baptême du dauphin fils de la reine Claude et du roi François Ier, avec deux ballades en l'honneur du dauphin et de sa mère, et avec la traduction du bref contenant la bénédiction pontificale envoyée à cette occasion par le pape au roi, à sa famille et à son royaume. Tout ce récit du baptême du dauphin occupe, dans l'édition de 1518, la 2e colonne du f. 261 r° à partir de la ligne 6 commençant ainsi : « Lequel eſt venu & produit ſur terre » puis tout le verso du f. 261, le f. 262 tout entier, et le recto du f. 263.

On aurait peine, croyons-nous, à trouver ces pièces ailleurs. Aussi ont-elles été reproduites intégralement dans l'édition des *Chroniques* de Bouchart donnée par la Société des Bibliophiles Bretons.

III

ÉDITION DE 1531

§ 1.

Description typographique.

Édition à longues lignes. Format in-folio long. Hauteur du texte, 261 millimètres; largeur, 141. L'exemplaire du cardinal Saint-Marc (1), que nous avons sous les yeux, et qui est fort beau, mesure avec les marges 328 à 329 millimètres de hauteur sur 210 de largeur; l'exemplaire sur vélin de Claude d'Urfé (2), aujourd'hui à la Bibliothèque nationale (*Vélins* 763), a les mêmes dimensions.

La page normale porte 53 lignes.

Le nombre total des feuillets est de 244, savoir : 10 feuillets liminaires non chiffrés, et 234 feuillets chiffrés de *premier* à CCXXXIII et le dernier blanc non chiffré : les 10 feuillets liminaires partagés en 2 cahiers signés *a* (de 6 feuillets) et *b* (de 4); les 234 feuillets chiffrés formant 39 cahiers, les 21 premiers signés A à X, les autres AA à SS, tous de 6 feuillets chacun, sauf QQ qui est de 8 et SS de 4. Du feuillet *premier* au feuillet CCXXXIII, la chiffrature des feuillets se poursuit régulièrement sans aucune erreur : régularité fort rare à cette époque.

Le premier des feuillets liminaires porte, au recto, le titre de l'ouvrage dont nous donnons le texte

(1) Aujourd'hui au Grand Séminaire de Rennes.

(2) Né dans les dernières années du XVe siècle au château d'Urfé, en Forez (aujourd'hui en la commune de Saint-Romain d'Urfé, canton de Saint-Just en Chevalet, arrondissement de Roanne, département de la Loire), Claude d'Urfé fut bailli de Forez, surintendant de la maison du roi, ambassadeur de France au concile de Trente en 1547, et ensuite près du Saint-Siège sous les papes Paul III et Jules III, puis gouverneur du dauphin, fils du roi Henri II, etc. Il était oncle d'Honoré d'Urfé, mort en 1625, et qui fit paraître de 1610 à 1624 son fameux roman de l'*Astrée*. (Voir Moréri, édit. 1759, t. X, p. 719.)

ci-dessous; au verso, la liste des rois et ducs des deux Bretagnes. Les 9 autres feuillets liminaires sont remplis par la table, dont le titre, un peu différent de celui de la table de 1514, est ainsi conçu : *Briefue recollection des matieres contenues au present volume des Cronicques annalles dAngleterre & Bretaigne, contenant quatre liures.*

Les feuillets chiffrés *premier* à CCXXII contiennent tout le texte de l'édition de 1514, fidèlement reproduit mot pour mot jusqu'à la mort du duc de Bretagne François II et jusqu'au bas du f. CCCL recto de 1514. — Le « Prologue de l'acteur » et le livre Ier des *Chroniques* commencent au f. 1, le livre II au f. 32, le livre III au f. 67 verso, le livre IV au f. 97 verso et finit f. 222 verso. Au f. 223 commencent les *Additions* qui occupent les onze derniers feuillets jusqu'au bas du f. 233 recto, dont le verso est occupé par la souscription et la marque du libraire.

§ 2.

Titre, souscription, marques des libraires.

Cette édition, comme nous le verrons dans la souscription, fut faite à frais communs par Galliot du Pré et par Jean Petit (premier du nom) : ce qui fait qu'il y a des exemplaires portant sur le titre l'adresse du premier de ces libraires, et d'autres celle du second. Baron du Taya et Brunet semblent n'avoir vu l'un et l'autre que des exemplaires de Du Pré; nous en avons vu des deux espèces, et nous avons sous les yeux un exemplaire de Jean Petit, dont nous allons reproduire le titre formant une pyramide renversée de 18 lignes; le titre des exemplaires de Du Pré est en même forme, mais sur 13 lignes seulement.

Nous reproduisons figurément la pyramide de Petit, mais en marquant les coupures des lignes de Du Pré. Quant à la première ligne de ce titre et aux mots que nous imprimons ci-dessous en italique, ils sont en rouge dans l'original, les autres en noir. Voici ce titre :

LES CRONIQUES AN-
nal | *les* des pays dangleterre & bretaigne, contenant
les faictz | & gestes *des roys & princes qui ont re*
gne oudit pays, | & choses Dignes de memoire
aduenues Durant | leurs regnes *puis Bru*
tus iusques au trespas | du feu duc de bre
taigne *Francoys second du* | *nom der-*
nier decede. Faictes & redigees | par
noble homme & saige *maistre*
Aldin | *bouchard* en son vi-
uant aduocat en | la court
De parlement, et de-
puis | augmentees
et continuees |
iusques en
Lan Mil |
cinq cẽs
XXXI.

¶ AUEC PRIUILEGE.

¶ On les vend a *Paris* en la rue ſainct *Iaquès* en la bouticque de *Iehan petit* Libraire iure de luniuerſite *a lenſeigne* de la fleur *de Lys dor*.
Mil. v. C. xxxi.

Dans les exemplaires de Galliot du Pré, les trois dernières lignes contenant l'adresse sont modifiées comme suit :

¶ On les vend a *Paris en la grant* salle du palais au *premier* pillier en la bouticque de *Galiot du pre* marchant *Libraire iure* De luniuerſite.
Mil. V. C. xxxi.
GALLIOT DV PRE

Ce titre est encadré dans un portique, soit celui de Jean Petit avec sa devise : *Petit à petit*, soit celui de Galliot du Pré qui n'est pas moins connu. Il prouve nettement, ce titre, que Bouchart était mort avant l'apparition de cette édition, achevée d'imprimer, comme on va le voir, le 11 septembre 1531. Malgré la clause : *Auec priuilege*, inscrite sur son titre, cette édition n'a pas de privilège[1], et l'on n'y trouve point non plus la curieuse post-face de l'auteur, où il demande grâce pour son langage breton « mal aorné » et requiert du lecteur un *Pater* et un *Ave*. — La souscription — en pyramide renversée comme le titre — et placée au haut du feuillet 233 verso, est ainsi conçue :

¶ Fin des cronicques annalles des pays dangleterre et bretaigne armoricque faictes & compilees par noble homme et ſage maiſtre Allain bouchart en ſon viuant aduocat en la court de parlemēt a paris eſquelles ſont adiouſtees puis le treſpas du feu duc Iehan de bretaigne .xii^e^. du nom les choſes dignes de memoyre aduenues eſditz pays iuſques en lan mil cinq cens .xxxi. Nouuellement reueues & corrigees & Imprimees a Paris par Anthoine couſteau imprimeur, le vnzieſme iour de Septembre Mil cinq cens .xxxi. Pour hōnorables perſonnes Iehan petit et Galliot du pre libraires iurez de Luniuerſite dudit lieu.

Au-dessous de cette souscription est gravée, dans les exemplaires de Galliot du Pré, la marque de ce libraire reproduite sous le n° 47 des *Marques typographiques* de Silvestre, et dans les autres la grande marque

(1) Pas plus que les éditions de 1518 et de 1532, dont les titres portent également : *Cum priuilegio.* Voir l'explication de cette clause ci-dessous chap. VI, § 1.

de Jean Petit donnée par Silvestre sous le n° 1009, sauf le fond criblé de la reproduction de Silvestre, qui est ici remplacé par un fond blanc.

Il y a, d'ailleurs, dans cette souscription une étrange faute d'impression : le prétendu « feu duc *Jehan* de Bretaigne, XIIe du nom, » est en réalité le « duc *Françoys* de Bretaigne, IIe du nom. »

Nous serions aussi tenté de voir quelque erreur du même genre dans la qualification d'avocat au Parlement *à Paris*, donnée ici à Alain Bouchart. On croira difficilement qu'un Breton aussi attaché à son pays ait quitté la Bretagne; il n'en aurait pas moins été avocat au Parlement, mais au Parlement de Bretagne, car — avec une organisation très rudimentaire, tout autre que celle qu'il eut depuis — il existait déjà un tribunal de ce nom.

§ 3.

Iconographie.

Abstraction faite du frontispice encadrant le titre et formé, selon les exemplaires, tantôt par le portique de Jean Petit, tantôt par celui de Galliot du Pré, l'illustration de l'édition de 1531 consiste tout entière dans la reproduction de neuf, sur douze, des gravures de l'édition de 1514, qui servent ici pour la seconde fois et sont par conséquent un peu moins fraîches et moins nettes. En outre, les dimensions de ces planches avaient été calculées d'après celles de l'édition de 1514, dont le texte a 201 millimètres de haut sur 129 de large ; aussi la plupart d'entre-elles suffisent à remplir une page de cette édition, sans être encadrées ou accompagnées de texte imprimé : disposition bien plus agréable à l'œil que celle de l'édition de 1531, dont le texte a 261 millimètres de haut sur 141 de large, ce qui a obligé l'imprimeur de mettre sur la même page que la planche, au dessus ou au dessous, 15 lignes d'impression, et en outre, sur le flanc de la planche, du côté de la marge de fond, une colonne typographique de deux centimètres de largeur. Tout cela est assez peu élégant. — Voici les planches de 1514 reproduites en 1531, avec les numéros que nous leur avons donnés dans notre notice sur la première édition (ci-dessus p. 9 à 12), à laquelle on pourra se reporter pour la description.

II. — Portrait d'Alain Bouchart. Édition de 1531, f. 1 (édit. 1514, f. 1).

III. — Siège du Capitole par les Gallo-Bretons. Édit. 1531, f. 7 v° (1514, f. 9 v°). Dans l'édit. 1531, on a omis de mettre dans les passe-partout les noms des deux chefs *Belinus* et *Brenus*, qui sont dans celle de 1514.

VII. — Les Saints de Bretagne. Édit. 1531, f. 32 v° (1514, f. 45 et 352).

VIII. — Combat d'Arthur et de Flollo. Édit. 1531, f. 45 v° (1514, f. 64). Les passe-partout portent ici, comme dans 1514, *Artus, Flolo, Paris.*

IX. — Grand écusson de Bretagne porté par deux lions. Édit. 1531, f. 67 v° et 100 (1514, f. 96 v°, 144, 228, 299 v°, 305).

X. — Le duc de Bretagne en son parlement. Édit. 1531, f. 82, Alain Fergent; — f. 98, Jean I le Roux; f. 193 v°, François II (1514, f. 118 v°, 141, 237 v°, 286, 301 v°, 309).

I. — Écusson de Bretagne soutenu par deux anges. Édit. 1531, f. 94 (1514, titre, f. 135, 351 v°).

XI. — Saint Yves. Édit. 1531, f. 101 v° (1514, f. 146 *bis*).

XII. — La bataille d'Aurai. Édit. 1531, f. 120 (1514, f. 172 v°). Les noms *Aulroy, Montfort, Cha. de Bloys,* qui se lisent dans la planche de 1514, n'existent pas dans cette reproduction.

Les planches de 1514 non reproduites par l'édition de 1531 sont les n°s IV, V, VI, représentant l'Annonciation, la Nativité de Notre-Seigneur, et sainte Catherine (édit. 1514, f. 19, 20 v°, 37 v°).

COMBAT D'ARTHUR ET DE FLOLLO

(Édition de 1514, f. 64; édition des Bibliophiles Bretons, f. 50.)

§ 4.

Les Additions de 1531.

Les *Additions* de l'édition de 1531 n'ayant pas été reproduites dans l'édition de Bouchart récemment donnée par la Société des Bibliophiles Bretons, nous croyons bon d'en parler ici avec quelque détail.

Ces *Additions* occupent exactement 10 feuillets 1/2 ou 21 pages, du f. 223 recto au f. 233 recto. Le titre général, en tête du f. 223, porte :

> ¶ *Additions adiouftées, puis le trefpas du feu duc Françoys deuxiefme du nom, des chofes dignes de memoyre aduenues efdictes deux Bretaignes & autres pays, iufques en lan mil cinq cens trente & vng.*

Voici les titres des divers chapitres :

— « Comment le mariage fut fait entre le roy Charles & Madame Anne de Bretaigne, fille du duc Françoys, » — f. 223.

— « Comment la conté de Rouffillon fut rendue au roy d Efpaigne, & de lentreprinfe du voyage de Naples, » — f. 223 v°.

— « Comment le roy Charles entra en la ville de Naples fans aucunes folennitez, » — f. 224.

— « La iournée de Fournoue, » — f. 224 v°.

— « Fin des faictz du roy Charles huyctiefme, » — f. 224 v°.

— « Du roy Loys XIIe de ce nom, & comment il efpoufa la royne Anne, par lequel mariage luy aduint la duché de Bretaigne, » — f. 224 v°.

— « Comment le roy Loys XIIe alla conquefter la duché de Millan, » — f. 225.

— « Comment Loys Sforce fut mené à Lyon, puis mis en la tour de Bourges : & de l'entrée de l'archiduc à Paris, » — f. 225 v°.

— « Comment le roy Françoys à prefent regnant fiença Madame Claude, fille du roy Loys douziefme, » — f. 226 v°.

— « Comment les Efpaignolz & leurs alliez furent defconfitz par les Françoys à Rauenne, » — f. 227.

— « Comment les Anglois defcendirent en France, & de la defconfiture fur mer, » — f. 227 v°.

— « Comment le roy Loys XIIe fut marié en fecondes noces à Madame Marie d Angleterre, » — f. 228.

— « Fin des faictz du roy Loys XIIe du nom, » — f. 228 v°.

— « Du roy François premier de ce nom, & duc de Bretaigne, » — f. 228 v°.

— « Comment les Suyffes qui auoient faulfé leur foy au roy furent tous mis à sac prés Saincte Brigide, » — f. 229.

— « Comment le roy fe trouua auec le pape à Boulongne la grace, & du concordat qui fut pourparlé, » — f. 229 v°.

— « La natiuité & baptefme de Monfeigneur Françoys, daulphin de France, » — f. 230 v°.

— « La prinfe de Rhodes. La fuite du duc de Bourbon, » — f. 231.

— « La iournée de Pauie, » — f. 231 v°.

— « La prinfe de Romme & le fainct Pere prifonnier, » — f. 232.

— « La paix entre les princes chreftiens, » — f. 232 v°.

— « Couronnement de la royne (Aliénor) : lentrée de la royne à Paris. » — f. 232 v° et 233.

Du premier coup d'œil il est aisé de voir que ces *Additions* sont un abrégé singulièrement court, maigre, étranglé. Quarante-trois ans d'histoire (1488 à 1531) et quelle histoire ! toutes les guerres d'Italie sans parler du reste, tout cela expédié en 21 pages. Pour le règne de Charles VIII, 3 pages 1/2 ; pour celui de Louis XII, 8 pages 1/2 ; pour François Ier, de 1515 au 16 mars 1531 (date de l'entrée de la reine Aliénor ou Éléonore à Paris), 9 pages.

En regard placez les *Additions* de l'édition de 1518, reproduites et continuées par celle de 1532, l'une et l'autre à deux colonnes, la page de 1532 à 52 lignes sur deux colonnes tenant certainement autant ou plus d'impression que la page de l'édition de 1531, à 53 lignes longues. — De la mort du duc de Bretagne François II à l'entrée de la reine Aliénor dans Paris (1488-1531), les *Additions* de l'édition de 1532 occupent 50 feuillets 1/2 ou 101 pages, de f. 211 recto à 261 recto inclusivement. Le règne de Charles VIII n'a pas moins de 32 pages (dix fois autant que l'édition de 1531), Louis XII 38 pages (au lieu de 8 1/2), François Ier 31 (au lieu de 9) : par là seulement il est clair déjà que les *Additions* de 1518 et 1532 sont conçues dans un système très différent de celui des *Additions* de 1531.

Quand on compare les deux textes, on le voit mieux encore. Les *Additions* de 1531 n'offrent qu'un abrégé sec, didactique, fort incomplet, des principaux événements et des lieux communs de l'histoire. Celles de 1518 et de 1532 indiquent la suite des grands événements sans les développer beaucoup, et elles insistent sur des faits d'une importance moindre sans doute au point de vue général mais qui peignent au vif les mœurs du temps, avec force détails et renseignements curieux : par exemple, toutes les entrées de Charles VIII, Louis XII et François Ier, non seulement dans les principales villes de France mais dans celles d'Italie, y sont racontées par le menu ; leurs obsèques, leurs couronnements ; les couronnements, les entrées et les obsèques des reines de France, particulièrement d'Anne de Bretagne et de sa fille Claude de France, première femme du roi François Ier, etc. Les *Additions* de 1531 ne donnent, elles, qu'une seule entrée, et elles ont bien mal choisi : c'est celle de la reine Aliénor ou Éléonore d'Autriche (16 mars 1531), la sœur du grand ennemi de la France, l'empereur Charles Quint. Avec une maladresse, ou plutôt une bêtise stupéfiante, l'auteur de ces *Additions*, ayant sous les yeux l'édition de 1518 qu'il eût suffi de copier, a pris un soin tout particulier de retrancher ce qui regarde Anne de Bretagne : pas un mot de son voyage si curieux dans son duché de Bretagne en 1505 (voir édit. 1532, f. 232, 233) ; rien même sur « son devot trefpas » ni sur ses « triomphantes & magnifiques » funérailles (édit. 1532, f. 240, 241). Rien non plus sur les « merveilles advenues à Dinan en vng puits » en avril 1520 (Ibid. 251 v°), ni sur la traîtreuse descente, pillerie et massacre fait par les « Angloys, anciens ennemis des Françoys & Bretons, au « Havre & dans la ville de Morlaix » en 1521 (Ibid. f. 252 v° et 253) : rien en un mot de tout ce qui intéresse spécialement la Bretagne. Quant au reste, effacement systématique des traits, des détails, des récits les plus curieux donnés dans les *Additions* de 1518 et de 1532, et rien absolument qu'on n'y retrouve sous une forme plus intéressante, plus développée.

C'est donc avec toute raison que la Société des Bibliophiles Bretons n'a pas surchargé son édition de Bouchart de cet abrégé inutile et ennuyeux.

Sur ces *Additions* un dernier mot. Dans ses *Notices sur les écrivains et les artistes de la Bretagne* (1818), à la p. 77, M. de Kerdanet, après avoir mentionné l'édition de 1514 des *Chroniques* de Bouchart, ajoute : « Elles ont été réimprimées depuis dans la même forme en 1518 ; et en 1531 in-folio, *avec les Additions de* « JEHAN DE SAINTRÉ. » Ce nom d'auteur est une pure invention ; il n'y en a point dans les *Additions* de 1531, ni même rien d'où on puisse tirer à cet égard une conjecture quelconque. M. de Kerdanet était sujet à de certaines confusions : il avait vu, dans la souscription, *Jehan Petit* nommé comme ayant pris part à cette édition de 1531 ; par une erreur de mémoire, *Jehan Petit* sera devenu dans son imagination le *Petit Jehan de Saintré*. Jehan de Saintré, je le sais, n'a jamais été un écrivain ; c'est un héros de roman, et d'un roman antérieur au XVIe siècle [1]. Mais j'ai beau chercher, je ne puis trouver que cela pour expliquer la vision de M. de Kerdanet.

Cette vision a été adoptée comme vraie par l'auteur du *Catalogue de la bibliothèque de Rennes* imprimé en 1828 (M. Dominique Maillet), toutefois avec une variante. Ce *Catalogue* porte (p. 1218) :

« 10837. Les Grandes croniques de Bretagne (par ALAIN BOUCHART), *Paris*, 1514. — Les mêmes « (*avec les additions de* JEAN DE SAINTRÉ, *de 1517 à 1532*), 1532, in-folio, et 1541. »

M. Maillet croyait sans doute reproduire ici purement et simplement l'opinion de M. de Kerdanet. A son insu, son assertion est toute différente. Il attribue à *Jehan de Saintré* la partie des *Additions* de 1532 qui va de cette date à 1517, et M. de Kerdanet en fait l'auteur des *Additions* de l'édition de 1531, qui remontent jusqu'au mariage d'Anne de Bretagne avec Charles VIII, c'est-à-dire jusqu'en 1491. D'ailleurs, nous venons de le voir, dans l'édition de 1531 le texte des *Additions* est tout autre que dans l'édition de 1532 ; il ne peut donc être du même auteur. En tout cas, nous le répétons, il n'y a aucunement lieu d'attribuer ni l'un ni l'autre à un Jean de Saintré quelconque. Ces deux textes sont l'œuvre de deux auteurs dont les noms sont restés inconnus.

§ 5.

Remarques diverses.

Cette édition est belle : bon papier bien blanc, bon tirage, beau caractère haut de 2 millim., tout à fait semblable au plus neuf des deux caractères observés par nous dans l'édition de 1514. En tête de chaque chapitre, une lettre capitale ornée, blanche sur fond noir ou sur fond criblé ; la plupart de ces lettres ont 20 millim. de haut, d'autres 15, fort peu au dessous ; nous n'en avons noté qu'une seule au dessus, l'initiale du dernier chapitre des *Chroniques* (f. 222 v°), haute de 30 millim. L'édition de 1514 a en tête de chaque chapitre une capitale noire de 10 à 11 millim. de haut, mais pas de lettre ornée [2].

M. du Taya a proclamé cette édition « la plus belle » des éditions de Bouchart. Nous ne sommes nullement convaincus de sa supériorité sur celle de 1514. C'est le format et les *Additions* de 1531 qui semblent avoir déterminé cette préférence [3]. Les *Additions*, nous venons de le voir, sont moins que médiocres, infiniment inférieures à celles des éditions à deux colonnes. Quant au format, l'in-folio court de 1514, loin d'être inférieur à l'in-folio long de 1531, a sur celui-ci le triple avantage de l'archaïsme, de l'élégance et de la commodité.

Le seul avantage typographique de l'édition de 1531, c'est un tirage plus parfait, plus régulier que celui de 1514, où nous avons signalé quelques parties défectueuses. Mais dans celle de 1514, nous l'avons déjà dit, le tirage des gravures vaut mieux, leur disposition typographique est plus élégante. Cette édition a aussi le privilège de posséder seule la curieuse post-face de l'auteur, et d'avoir seule été imprimée sous ses yeux et par ses soins : car en 1531 il était mort, et en 1518, quoique vivant encore probablement, il n'avait

(1) *Histoire et plaisante cronicque du petit Jehan de Saintré*, par Antoine de la Sale, né en 1398, mort après 1461.

(2) Il y a cependant une lettre capitale ornée, blanche sur fond criblé, de 18 millimètres de hauteur, au commencement du second et du tiers Livre, dans l'édition de 1514, f. 45 v° et 97.

(3) Voir Baron du Taya, *Brocéliande*, p. 330, 331.

certes pris aucune part à l'édition donnée, cette année-là, à Caen par Michel Angier. Pour toutes ces raisons, l'édition de 1514 vaut tout au moins, à nos yeux, celle de 1531 ; nous croyons même que les archéo-bibliophiles [1] vrais connaisseurs préféreront toujours à celle-ci celle-là, quand elle sera en bonne condition et avec de belles marges, ce qui est malheureusement fort rare.

Quant aux exemplaires de 1531, ils sont loin assurément de courir les rues (on n'en connaît guère plus de six), et ils sont habituellement mieux conservés. Celui du cardinal Saint-Marc est le seul que j'aie vu avec l'adresse, la marque et le portique de Jean Petit. La Bibliothèque Nationale en possède deux sous la cote L^{2}k 443, l'un sur papier en fort bon état, l'autre sur vélin (*Vélins* 763), qui a appartenu à Claude d'Urfé, comme le prouvent les armoiries peintes sur le titre.

Dans ce magnifique volume, comme dans la plupart des impressions sur vélin ornées de gravures sur bois, on a finement, habilement colorié les planches, ou plutôt on a peint, sur la taille — et en l'effaçant presque entièrement avec la peinture, — les mêmes sujets représentés par les gravures, avec quelques modifications dans les détails. Ainsi, la gravure du Duc en son Parlement figure trois fois dans le volume (f. 82, 98, 193 v°) ; dans l'exemplaire vélin, chacune de ces reproductions se distingue des autres par quelque différence dans la couleur des vêtements ou dans l'attitude de certains personnages. — L'écusson soutenu par deux anges placé au f. 94, porte, grâce au peintre, dans l'exemplaire vélin, l'échiqueté de Dreux au quartier d'hermines (armoiries de Pierre Mauclerc et de ses premiers successeurs), tandis que dans tous les exemplaires sur papier il présente les armes de Bretagne proprement dites, c'est-à-dire les hermines pleines.

Dans l'exemplaire d'Urfé, les lettres initiales de tous les chapitres sont peintes en couleur, ordinairement bleu ou rose clair, sur fond d'or ; presque toutes les lettres bleues sont accompagnées de fleurs rouges avec des folioles vertes, les autres de fleurs ou de légers rinceaux de même couleur que la lettre.

Le portique de Galliot du Pré, encadrant le titre, est peint comme tout le reste. — Nous tenions à signaler cet exemplaire hors ligne.

IV

ÉDITION DE 1532

§ 1.

Description typographique.

Édition à deux colonnes. Format petit in-folio court (ou carré). Hauteur du texte, 211 millim., largeur 135 : chaque colonne étant large de 65 millim. et le blanc entre les 2 colonnes de 5 millim. — L'exemplaire que nous avons sous les yeux, très rogné, mesure seulement avec ses marges 253 millim. en hauteur, et en largeur 182. Mais, à en juger par les dimensions du texte, cette édition devait être de même taille que celle de 1514, dont certains exemplaires ont près de 27 centimètres de haut sur 19 de large.

Le nombre exact des feuillets chiffrés n'est pas de 262, comme l'a dit M. Baron du Taya, trompé par une fausse chiffrature [2], mais de 258, — plus 12 ff. liminaires non chiffrés : les ff. liminaires partagés en 2 cahiers de 6 ff. chacun, signés A et B ; les ff. chiffrés répartis en 43 cahiers, de 6 ff. chacun, dont 20 cahiers signés de A à V, 21 de AA à XX, les deux derniers yy et zz.

(1) Nous entendons par là les bibliophiles qui s'occupent surtout des livres anciens, spécialement des impressions gothiques.

(2) Baron du Taya, *Brocéliande*, p. 331.

Il y a peu de fautes de chiffrature, une seule digne d'être signalée : du chiffre CXX on saute au chiffre CXXV en omettant les quatre chiffres intermédiaires, et cette erreur continue jusqu'à la fin du volume, en sorte qu'à partir du feuillet coté CXXV, le chiffre de chaque feuillet est plus élevé de 4 unités que le nombre réel des feuillets, et c'est ainsi que le dernier feuillet, qui n'est que le 258e, se trouve chiffré CCLXII.

Le premier des ff. liminaires est rempli au recto par le titre, au verso par la liste des rois et ducs des deux Bretagnes rangée sur 4 colonnes. Les dix ff. liminaires qui suivent sont occupés par la table. Enfin, le 12e recto et verso contient une longue, prétentieuse et filandreuse *Epistole* du « maiſtre imprimeur « de ceſte preſente œuure » adreſſée « aux clercs & nobles eſperitz taſchans ouurir le precieulx treſor de « lintelligence des heroïques faiƈtz, chefz dœupures & geſtes excellens qui ont faiƈt reluyre les gens antic- « ques au milieu de leur nation comme le ſoleil entre les eſtoiles. » Rien que cela de pathos — et ce n'est que le début.

L'œuvre d'Alain Bouchart, c'est-à-dire les *Chroniques de Bretagne* jusqu'à la mort du duc François II (1488), occupe les 206 premiers feuillets chiffrés (1), jusqu'au bas du verso du feuillet coté CCX, par suite de l'erreur de chiffrature relevée ci-dessus. Les trois dernières lignes de la 2e colonne de ce verso contiennent ce titre : « *Additions iuſques au temps preſent, commençant au roy Charles .viii. de ce nom* ». Et ces *Additions* remplissent les 52 derniers feuillets de l'ouvrage, chiffrés de CCXI à CCLXII.

§ 2.

Titre et souscription.

Suit la copie figurée du titre de l'édition de 1532 imprimé en rouge et noir, les mots mis ci-dessous en italique étant en rouge dans l'original, ainsi que la première ligne :

LES GRANDES CRONICQUES DE BRETAIGNE
parlans des trespreux, nobles & tresbelliqueux roys, ducs :
princes : barons : & aultres gens nobles : tant de la grande
bretaigne, diƈte a preſent angleterre : que de noſtre bretaigne de preſent erigee en duche. *Et auſſi depuis* la conqueſte de *Conan meriadec* breton qui lors eſtoit appelle le royaulme
darmoricque : iuſques au temps & treſpas de *Francoys duc de* Bretaigne dernier treſpaſſe. *Eſquelles* cronicques eſt faiƈte mention daucuns notables faiƈtz aduenuz es royaulmes de *France :* Dangleterre :
Deſpaigne : Deſcoſſe : Darragon : & de nauarre : es ytalies : en lõbar
die : en tartarie : en iheruſalem.
Et des papes : de leur eleƈtion & eſtat.

(1) Le livre Ier commence au f. 1, par le « prologue de l'acteur » ; — le livre II, au f. 31 ; — le livre III, f. 62 v° ; — le livre IV, f. 90, jusqu'au f. 206 (coté CCX).

¶ *Addicions depuis le roy Charles huitiesme iusques en lan mil cinq cens .xxxii.*

¶ En ceste presente est adioustee le voyage de dela les mons auecques la iournee de Fournoue faicte par le feu roy Charles. viii. Lequel auoit espouze ma dame Anne duchesse de Bretaigne : Et des merueilleux faictz quil fist audict voyage.

¶ *Item* comme apres le deces dudict Charles, Loys. xii. succeda a la couronne de France et du duche de Bretaigne, par les espousailles & accordz faictz entre ledict roy Loys & ladicte Anne. Lequel Loys declaira en son temps le preuilege des libraires : et comme les liures sont francs quittes : & exemps de tous tributz et peages.

¶ *Item* y est contenu les funerailles & obseques desd. Loys & Anne. Et comme tresmagnanime & trespuissant roy Francoys premier de ce nom espousa tresnoble dame ma dame Claude premiere fille naturelle : & legitime de France.

¶ *Item* finablement est contenu la natiuite & baptesme du daulphin de France. Et la mort & trespas de ladicte dame Claude en son viuant royne de france : Et toutes les choses aduenues iusques en lan mil cinq cẽs .xxxii. Et le tout reueu & corrige depuis la derniere impression.

¶ CUM PRIUILEGIO
M. cinq cens .xxxii.

La souscription est au recto du dernier feuillet (chiffré CCLXII), dans la 2e colonne, et elle porte :

¶ Fin des Cronicques des pays || et Royaulme Tant de la grant || Bretaigne que de la petite a presẽt || erigee en duche, Esquelles a este || adiouste, qui nest point es preceden || tes, choses aduenues qui sont di- || gnes de memore. Depuis lan mil || cinq cens .XVII. & .XVIII. Iusques a || lan mil cinq cens .XXXI. & .XXXII. Et || reueues bien au long, et nouuelle- || ment imprimees.

¶ FINIS

Ni le libraire qui a fait les frais de cette édition, ni le typographe qui l'a imprimée, ni le lieu où elle l'a été, ne sont marqués, on le voit, ni dans la souscription ni dans le titre ni nulle part ailleurs en ce livre. C'est à tort que divers bibliographes, entre autres MM. Baron du Taya et Bizeul (1), entraînés par la ressemblance plus ou moins grande de cette édition avec celle de 1518, ont donné, sans hésiter, celle-ci (de 1532) comme ayant été publiée à Caen par ou pour Michel Angier : ce serait là tout au plus une conjecture qui ne s'appuie sur aucune indication, directe ou indirecte, contenue dans le livre lui-même. Conjecture dont nous examinerons plus loin la valeur, dans le § 5 du présent chapitre.

(1) Le premier dans *Brocéliande*, p. 329 et 331 ; le second dans la *Biographie Bretonne*, t. I, p. 149, au mot *Bouchart*.

§ 3.

Iconographie.

L'illustration de cette édition est misérable : onze bois grossiers et banaux, usés pour la plupart et, sauf un, n'ayant que des rapports lointains et fortuits avec le texte. En voici l'indication.

I. — L'Annonciation, f. 13 v°. Petit bois fort laid.

II. — La Naissance de Notre-Seigneur, f. 14. Autre petit bois fort laid.

III. — Sainte Catherine, f. 26. Très petit bois fort usé.

IV. — Un combat naval, f. 42 v°, en tête du chapitre intitulé : *Comment Artur passa la mer pour conquérir les Gaulles*, etc. Répété plus loin f. 208 v°, à l'occasion de la bataille de Saint-Aubin du Cormier (!) — et f. 238 v°, dans les *Additions*, en tête du chapitre relatif au combat de la *Cordelière* contre la *Régente* en 1513. — Ce bois avait déjà figuré dans l'édition de 1518, n° XIX, voir ci-dessus p. 19.

V. — Un prince sur son trône, tourné vers la gauche : à la gauche du trône une femme ou fille de petite taille ; en face du trône quatre seigneurs, auxquels le prince donne audience, f. 76. Bois grossier et banal, qui semble chargé de remplacer tellement quellement, dans cette édition, la gravure X de l'édition de 1514, représentant le duc de Bretagne en son Parlement. Ici ce bois est censé figurer Alain Fergent, « érigeant la justice en Bretagne ». Il est reproduit en cinq autres endroits, toujours à propos de conseils, conférences diplomatiques ou politiques, érections de cours de justice, savoir, aux f. 110 v° (« Conseil donné par les Françoys à leur roy » en 1364), — f. 156 v° (arrêt des États de Bretagne contre les Penthièvre en 1420, — f. 178 (États de Bretagne tenus à Vannes par le duc Pierre II en 1451), — f. 210 (traité du Verger en 1488), — f. 227 (Louis XII réformateur de la justice, et érection de l'échiquier de Rouen en parlement).

VI. — Saint Yves, f. 92 v°. C'est la planche de l'édition de 1518, n° II, voir ci-dessus, p. 16.

VII. — Un choc entre deux troupes de chevaliers, l'une à pied, l'autre à cheval, f. 109. Bois banal, pas trop mal dessiné, qui est censé figurer ici la bataille d'Aurai.

VIII. — Un guerrier seul debout, brandissant son épée et faisant ou ayant fait grand massacre d'ennemis, dont les têtes et les corps coupés en tronçons sont entassés autour de lui. Ce bois grossier et banal pourrait bien être Roland à Roncevaux. Ici, f. 161, il est censé représenter la défaite des Bretons en 1425 à St-James de Beuvron, — et plus loin (f. 241 v°) l'émeute des habitants de Caen contre les lansquenets en 1514.

IX. — Un jeune homme et une jeune fille devant un prêtre, qui met la main de la jeune fille dans celle du jeune homme et tient lui-même dans la main droite l'anneau de fiançailles. Bois banal placé deux fois dans le volume, d'abord à l'occasion du mariage du duc de Bretagne François Ier avec Isabeau d'Écosse (f. 168 v°), puis à propos de celui d'Anne de Bretagne et du roi Charles VIII (f. 211).

X. — Charlemagne et son armée revenant à Roncevaux après la mort de Roland, f. 205. Bois banal (déjà donné dans l'édition de 1518, n° XVI, voir ci-dessus, p. 19), chargé de figurer ici la fugue du duc François II devant les Français, en 1487, de Malestroit à Vannes et de Vannes à Nantes.

XI. — A droite, gens d'armes à pied armés de pertuisanes ; à gauche, gens de robe longue, f. 249. Petit bois de la largeur d'une colonne, en tête du chapitre intitulé : « *Comment l'empereur Maximilian assembla grosse armée de gens, pour cuider reprendre Millan.* »

SAINT YVES

(Édition de 1514, f. 146 *bis* ; édition des Bibliophiles Bretons, . 111.)

§ 4.

Remarques diverses.

L'édition de 1532 a été visiblement inspirée par l'idée de faire concurrence à l'édition à longues lignes de 1531. Celle-ci, impression soignée, impression de luxe, devait se vendre assez cher. On imagina d'y opposer une édition d'un bon marché relatif : impression compacte, à deux colonnes, d'un caractère plus petit et plus serré (1), arrivant, presque sans augmenter le nombre des feuillets (258 au lieu de 234), à donner sur les quarante dernières années, sur les événements contemporains qui excitent toujours le plus la curiosité, une chronique beaucoup plus complète, des relations bien plus curieuses et bien plus vivantes que l'*Addition* sèche, froide, étriquée, sottement fabriquée, sottement cousue à la belle édition de 1531.

L'aspect de l'impression est beaucoup moins beau que dans cette dernière; le caractère plus pressé; le tirage beaucoup moins égal, parfois trop noir, même baveux, parfois un peu gris; le papier est moins blanc, les planches banales et atroces. En revanche, quelles belles descriptions de cérémonies! entrées princières, baptêmes, mariages, couronnements, obsèques, processions, sans parler des supplices et des batailles contées avec une exactitude douteuse, mais avec une verve encore toute chaude de l'émotion des contemporains. Et puis partout la fibre bretonne, la Bretagne et les Bretons loués et chéris, et partout leurs chères princesses, leur personnification la plus éminente, Anne de Bretagne et sa fille la reine Claude, célébrées, exaltées, glorifiées, avec effusion.

Aussi cette édition, qui dut être tirée à grand nombre, supplanta presque entièrement toutes les précédentes; c'est elle de beaucoup qu'on trouve aujourd'hui le plus fréquemment.

Dans cette impression, qui ne vise pas au luxe, on a cependant prodigué les lettres ornées, une à chacun des chapitres (et ils sont courts), parfois même plus souvent : toutes lettres blanches sur fond noir ou criblé, quelques-unes jolies, toutes plus ou moins usées et de dimensions diverses (2) depuis 10 millimètres de hauteur jusqu'à 43, le plus grand nombre de 22 ou 23. Nous reviendrons plus loin sur certaines d'entre elles, d'un genre particulièrement intéressant.

Jusqu'à l'année 1518, nommément jusqu'à la naissance et au baptême du dauphin, premier fils de François Ier et de la reine Claude (mars 1517 vieux style, 1518 nouveau style), les *Additions* de 1532 reproduisent simplement celles de l'édition de 1518; à partir de là elles s'en séparent. Dans l'édition de 1518, la relation du baptême du dauphin commence à la ligne 6 de la 2e col. du f. 261 r°, et se prolonge jusqu'au f. 263 r° inclusivement : elle remplit ainsi près de 9 colonnes de 50 lignes chacune, soit environ 450 lignes. L'édition de 1532 expédie ce récit en 23 lignes; immédiatement après, à la ligne 13 du f. coté 251 v°, elle entame les événements de l'an 1519, et depuis là elle donne une continuation des *Additions* entièrement neuve, qui se poursuit jusqu'à la fin du volume et se termine (au f. coté 262 r°) par la relation d'un important travail exécuté à Caen, en 1531, pour abréger « d'une lieue et demie ou plus » le cours de la rivière d'Orne qui passe par cette ville.

Il reste deux remarques à faire sur cette édition. La première, c'est que l'*Epistole du maistre imprimeur*, qui remplit le 12e et dernier des feuillets liminaires, et dont j'ai déjà parlé ci-dessus au § 1er (*Description typo-*

(1) Le caractère employé dans les éditions de 1514 et de 1531 est d'un quart plus fort environ que celui de 1532 : l'*n* de 1514 et de 1531, par exemple, a 2 millimètres de hauteur, celle de 1532 n'a qu'un millimètre et demi.

(2) J'en ai noté de 10, 13, 15, 18, 19, 20, 22 à 23, 28, 30 à 31, 32, 43 millimètres de hauteur.

graphique), parait ici pour la première fois. La seconde, c'est qu'en comparant plusieurs exemplaires de l'édition de 1532, j'ai reconnu qu'il existe deux états de l'avant-dernier feuillet de cette édition, coté 261, et voici comment.

Le recto de ce feuillet est rempli par le récit du couronnement de la reine Éléonore d'Autriche, qui venait d'épouser le roi François Ier, et de son entrée solennelle à Paris le 16 mars 1518 (nouveau style), — et le verso du même feuillet est occupé par les détails relatifs à la double mort de Gui XVI de Laval, gouverneur de Bretagne, et de Louise de Savoie, mère de François Ier. Pour l'entrée de la reine Éléonore, on avait d'abord, dans l'édition de 1532, copié sans changement le récit très détaillé de l'édition de 1531, si bien que, dans l'édition de 1532, ce récit finissait seulement à la 25e ligne de la 1re colonne du verso du feuillet 261. Puis venait le titre d'un autre chapitre portant : *Le trespas de monsieur de Laual, grant gouuerneur de Bretaigne, & de Madame la regente de France :* chapitre qui débute par 30 lignes formant l'article consacré au comte de Laval. Tel est le premier état du feuillet 261, comme on peut le voir dans l'exemplaire de l'édition de 1532 et celui de l'édition de 1541 existant à la Bibliothèque de la ville de Rennes (*Catalogue* imprimé en 1823-1828, n° 10837).

Bientôt on trouva étroit l'espace concédé au gouverneur de Bretagne, on voulut développer un peu plus ce qui le concernait et insérer une belle épitaphe de 26 vers « en rithme alexandrine, » le tout formant un article de 67 lignes au lieu de 30. Pour se procurer la place où mettre les 37 lignes de surcroît, on commença par retrancher 20 lignes de l'entrée de la reine Éléonore (1) au recto du f. 261 ; puis on réduisit le titre du chapitre suivant à sa plus simple expression, ce qui fit encore gagner une dizaine de lignes ; et en imprimant l'épitaphe en très petit caractère, on parvint à entasser 111 lignes (au lieu de 104) dans les deux colonnes du f. 261 v° : on eut ainsi l'espace nécessaire pour les 37 lignes ajoutées à l'article du comte de Laval, dont la rédaction, entièrement refondue, fut portée, on vient de le dire, à 67 lignes. C'est ce second état que présentent la plupart des exemplaires des éditions de 1532 et de 1541, entre autres ceux de la Bibliothèque Nationale (cotés L² k. 444 et 445) et ceux que nous possédons. C'est ce texte qu'a reproduit l'édition de la Société des Bibliophiles Bretons. L'autre texte, qui représente le premier état, ayant des variantes assez curieuses, et Gui XVI de Laval étant un personnage important de l'histoire de Bretagne, il nous semble intéressant de donner ici la première version de ce passage. La voici :

¶ Le trespas de monsieur de Laual, grant gouuerneur de Bretaigne, & de madame la regente de France.

« Enuiron le temps de Pasques ensuyuant mil v. c. xxxi. Monsieur de Laual conte de Montfort, baron de Bretaigne, cappitaine de Rennes & lieutenant general pour le roy en sa duché de Bretaigne, luy estant à la chasse pres sa ville de Laual, en courant apres aulcune beste rousse

(1) On retrancha même 22 lignes de ce récit, mais on remplaça ces 22 lignes par 2 lignes de rédaction nouvelle, ainsi conçues : « Et apres estoient tous les officiers de la ville en tres bon ordre, & qu'il faisoit bon voir. » Dans les exemplaires de l'édition de 1532 qui ont le « second état, » ce sont les lignes 39 et 40 du f. CCLXI recto, col. 1 ; — dans l'édition des Bibliophiles Bretons, f. 299 recto, col. 1, l. 47 et col. 2, l. 1. — Voici le texte des 22 lignes retranchées, que l'édition des Bibliophiles Bretons n'a pas reproduites :

« Après marchoit le cheualier du guet auec sa compaignie, ayans leurs hocquetons dorphauerie. Puis les unze vingtz fergeans fieffez, les notaires du Chastelet à cheual, vestuz de robes descarlatte morée, les commissaires du Chastelet habillez comme dessus, les greffiers audienciers, les lieutenans ciuil & criminel & conseilliers, tant du Chastelet que du Bailliage, vestuz descarlatte brune, & grant nombre dauocatz & procureurs. Puis les vnze vingtz sergeans à cheual vestuz de drap violet. Apres marchoient messeigneurs

ſe bleſſa en une iambe de telle façon & maniere que il cheut en vne fieure : de laquelle na ſceu eſtre ſecouru ſans reſpit de mort, ſoit par faulte de ſes medecins, cirurgiens & barbiers, qui le plus ſouuent decepuent leurs maiſtres : leſquelz medecins ou cirurgiens ſe diſent grans maiſtres en leurs ſciences, mais aulcunesfoys le ſens leur deffault au beſoing. Et pour tant ſen donne garde qui vouldra. Led. ſeigneur eſt decedé luy eſtant aagé de .LXX. ans ou enuiron. Ceſt vng grant dommage pour lad. duché : car il a touſiours eſté loyal à la couronne de France & a entretenu lad. duché en paix & tranſquillité. Son corps a eſté en ſepulture mis en ſa bonne ville de Laual le ve iour de may mil cinq cens .xxxi. Dieu en ayt lame. De lhonneur & triumphe qui luy a eſté faiċt y ne fault point le demander, car ce qui a eſté poſſible de faire luy a eſté faiċt, comme bien appartenoit à tel prince & ſeigneur : les obſeques & ſeruices ont duré longuement. Le peuple, principallement de Laual, Vitré, & aultres villes à luy appartenantes, ont eſté & ſont fort triſtes & deſolez de la perte & mort dudiċt ſeigneur. »

Puis, dans tous les exemplaires, le texte des *Additions* continue ainsi : « Apres le treſpas duquel a eſté « baillé l'office de lieutenant general... à noble & puiſſant ſeigneur monſeigneur de Chaſteaubriant. » etc.

§ 5.

Origine de cette édition.

L'opinion purement conjecturale, qui attribue au libraire Michel Angier et à la ville de Caen l'édition de 1532, s'appuie uniquement sur la ressemblance de cette édition avec celle de 1518.

Tout d'abord, on peut se demander pourquoi Michel Angier, qui avait mis son nom sur le livre en 1518, l'aurait supprimé en 1532 si l'édition de cette date était de lui. Cette singularité aurait besoin d'explication.

Toutefois, si la ressemblance entre les deux éditions était parfaite, si surtout on constatait dans l'une et dans l'autre l'emploi des mêmes caractères, ce serait là une preuve très forte en faveur de l'identité d'origine. Mais il n'en est rien, la ressemblance se borne au format et à l'impression sur deux colonnes : double disposition qui, ayant été usitée à peu près chez tous les imprimeurs et tous les éditeurs du XVIe siècle, ne prouve rien dans la question.

Le caractère employé n'est certainement pas le même dans les deux éditions : celui de 1532 est plus mince, plus aigu, moins carré que celui de 1518. L'édition de cette dernière date a 50 lignes à la colonne, et l'autre en a 52. Dans les deux, les initiales des chapitres sont des lettres ornées, et l'on sait qu'au XVIe siècle chaque atelier typographique avait la plupart du temps ses lettres ornées qui lui étaient propres et les conservait longtemps, même quand l'imprimerie changeait de maître. Celles de l'édition de 1532, la plupart assez usées, avaient facilement plus de quinze ans d'âge. On devrait donc les trouver déjà

les generaulx des Aydes, leurs huyſſiers & officiers deuant eulx, & apres, les officiers conteroleurs & grenetiers en grant nombre. Puis meſſeigneurs des Comptes, leurs officiers & meſſagiers deuant eulx, accompaignez de meſſeigneurs les generaulx, treſoriers, receueurs & procureur de la Chambre. Et neſt à obmettre les clercs de lEmpire, leſquelz en moult grant triumphe & fort braues furent au deuant de la royne. En après marchoient meſſeigneurs de la court de Parlement en moult belle ordre, tous veſtuz de robes deſcarlatte. Tous leſquelz après auoir fait leur devoir » etc.

Ce passage avait été imprimé primitivement dans l'édition de Bouchart de 1531, f. 233 r°, lignes 7 à 19.

dans l'édition de 1518 : or il n'en est rien, je n'en ai pas rencontré deux pareilles : ce qui est d'autant plus significatif que l'édition de 1532 a des lettres herminées dont Michel Angier, s'il l'avait pu, n'aurait pas manqué d'orner un livre tout consacré à l'histoire de la Bretagne et de ses princes, où l'hermine avait par conséquent sa place naturelle et nécessaire.

Quant aux planches, sur les vingt de l'édition de 1518, celle de 1532 n'en reproduit que trois, qui sont les n°s IV, VI, X de son *Iconographie* (ci-dessus, p. 32). Les n°s IV et X sont des bois absolument banaux, relatifs à des romans de chevalerie, et que l'on devait, au XVIe siècle, rencontrer dans toutes les imprimeries. Le n° VI (saint Yves) pouvait facilement avoir été copié, peut-être acquis par l'éditeur de 1532, mais ce que l'on ne concevrait pas, si cet éditeur était Michel Angier, c'est qu'il n'eût reproduit dans l'édition de cette date ni sa belle planche de l'assaut du Capitole, dont il avait en 1518 tiré trois moûtures, ni surtout la meilleure de son livre, celle des Saints de Bretagne [1].

Ainsi, dans l'édition de 1532 et dans celle de 1518, — si on les compare de près, — caractère, nombre de lignes, planches, lettres ornées, tout diffère. Donc, en faveur de Michel Angier et de l'origine caennaise du Bouchart de 1532, impossible d'alléguer sa prétendue ressemblance avec celui de 1518.

Un des plus illustres et des plus savants bibliophiles de France a, en ma présence, indiqué au profit de cette origine un autre argument tiré des mentions assez fréquentes concernant la Normandie, spécialement la ville de Caen, que l'on rencontre dans les *Additions* de 1532. Il faut distinguer : la seule partie des *Additions* à invoquer dans la circonstance est celle postérieure à l'édition de 1518, celle qui s'étend (comme nous l'avons dit ci-dessus, p. 34) du f. 251 v° au f. 262 r°. Or, dans cette partie on ne trouve nulle mention relative à la Normandie, si ce n'est, à la dernière page (f. 262 r°), celle qui concerne le grand travail accompli par les Caennais en 1531 pour abréger le cours de leur rivière : fait notable assurément, dont l'auteur des *Additions* relève l'importance, mais sur lequel il donne peu de détails, puisque tout cet article n'a que 23 lignes.

Mettez en regard les amples et nombreuses mentions relatives aux choses et aux personnes de Bretagne : les « merveilles advenues en un puits à Dinan » en 1520 qui remplissent deux colonnes (f. 251 v°-252); le sac de Morlaix par les Anglais qui en tient trois (f. 252 v°-253) ; le supplice du brigand Maclou, Breton comme le prouve son nom, surnommé le roi Guillot (f. 254); la pluie de sang et eau tombée à Clisson (f. 54 v°); la folie de M. de Rohan et le miracle obtenu par sa femme (f. 256 v°-257); la mort et les obsèques du comte de Laval, gouverneur de Bretagne, et l'entrée de son successeur à Rennes, qui tiennent tout le verso du f. 261, etc.

La province le plus souvent nommée après la Bretagne, ce n'est pas la Normandie, c'est l'Anjou. Le fond de ces *Additions*, à vrai dire, ce sont les événements de l'histoire générale de France et certains faits de Paris dont le bruit s'épandait dans tout le royaume. Mais ce qui prouve bien que le tout est écrit par un Breton, en Bretagne, et en vue de la Bretagne, c'est l'éloge de ce pays que l'auteur a soin de donner pour conclusion à son œuvre. A la dernière page (f. 262 r°), il dit :

« Il eſt à congnoiſtre par experience que Dieu a aymé led. pays & contrée (de Bretaigne) : car graces à Dieu, depuis le temps de xv à xvi ans qu'il a couru pluſieurs famines, tant en France que de là les mons & en pluſieurs aultres lieux, ladicte duché de Bretaigne en a touſiours eſté preſeruée & gardée. Et a touſiours ſecouru les autres nations prochaines, tant de bledz, auoynes, chairs, greſſes, beurres & aultres choſes neceſſaires pour le corps humain. D'en dire la cauſe, c'eſt vng ſecret à Dieu reſerué : mais ie peulz bien dire que ledict pays n'eſt point maculé de la maudite ſecte lutherienne comme les aultres nations, & que cela en peult bien eſtre lune des principalles cauſes. »

(1) Voir l'*Iconographie* de l'édition de 1518, n°s III et V, p. 16 ci-dessus.

Puis il vient au travail des Caennais sur leur rivière, il relève l'opposition faite à cette entreprise, à Caen même, par des hommes puissants, contre lesquels, pour en avoir raison, on dut faire intervenir l'autorité royale, — et il ajoute :

« Il neſt rien plus dangereux en vne duché, ville, village, ou en grande communité de peuple, que auoir gens d'auctorité qui ſoient contre le bien public : car pourueu que vne multitude & nombre de gens ſoient vniz enſemble, à grande difficulté les pourroit on endommager ne faire aucune nuiſſance. Ledict païs de Bretaigne a touſiours bien perſeueré en biens & proſperité : car les gouuerneurs & principaulx dudict pays ont touſiours eu amour, dilection, paix & concorde tant à eulx, à leurs prochains, que à leurs ſubiectz, ainſi qu'on a touſiours veu & cogneu tant au temps paſſé que au preſent. Dieu par ſa puiſſance & bonté infinie puiſſe de bien en mieulx preſeruer ladicte duché & tous les bien veillans & habitans en icelle. Amen. »

Tel est le dernier paragraphe, la conclusion finale des *Additions* de 1532; sur leur origine bretonne nul doute possible : d'où — étant données les objections formulées plus haut contre l'origine caennaise de cette édition — résulte tout au moins une présomption favorable à son origine bretonne. Ensuite, si l'on feuillette le volume en portant quelque attention aux lettres ornées, on est frappé du grand nombre d'entre elles qui portent la moucheture d'hermine. Il y a, entre autres, trois A majuscules très compliqués, lettre, rinceaux, hermines en blanc sur fond noir ou criblé (l'usure des types laisse à cet égard quelque incertitude), et que l'on rencontre à chaque instant : le moindre a 18 millimètres de haut, le plus grand 43, l'intermédiaire 32 ; mais ces trois A sont conçus dans le même système : chacun d'eux est surmonté d'une couronne fleurdelisée, et orné d'une moucheture d'hermine qui se détache sur le fond, à l'intérieur de l'A, entre la traverse de la lettre et sa pointe supérieure. Plusieurs autres lettres sont de même accompagnées de grosses mouchetures d'hermine très apparentes, entre autres des G, des Q, des V (1), etc. Si nous ne trouvons pas au complet cet alphabet herminé, il faut songer que, d'après l'état d'usure des planches et des lettres grises, l'atelier d'où elles venaient devait fonctionner depuis assez longtemps et avoir dans ses assortiments plus d'une lacune. Il n'en est pas moins très évident qu'une imprimerie bretonne pouvait seule posséder ces lettres-là, surtout ces A si remarquables, si caractérisés, où on voit l'hermine bretonne portant la couronne de France, symbole transparent et même parlant de la princesse dont cette lettre était l'initiale et qui mit sur l'écusson d'hermine la couronne fleurdelisée, — Anne de Bretagne.

Il y a là, sinon une preuve mathématique, du moins un argument positif très fort en faveur de l'origine bretonne de l'édition. Pour compléter la démonstration (autant qu'elle peut l'être en l'absence d'un témoignage précis), il faudrait dans une ville de Bretagne trouver un imprimeur qui eût un motif de ne mettre sur ses livres ni son nom, ni celui du lieu d'impression. Justement, cet imprimeur existait à Rennes, il s'appelait Jean Baudouyn. Dans les *Archives du Bibliophile breton* (2), je crois avoir établi que ce typographe exerça à Rennes de 1524 à 1535 environ, mais que, en raison de ses fonctions officielles près du Conseil souverain et de la Chancellerie de Bretagne, il crut devoir s'abstenir de mettre son nom sur ses livres.

Et ce qui tend de plus en plus à prouver que cette édition de Bouchart a été faite à Rennes, c'est qu'on y trouve, écrite pour la première fois, une légende rennaise jusque-là purement orale qu'on ne pouvait connaître qu'à Rennes, celle du prétendu miracle de l'église Saint-Sauveur pendant le siége de cette ville par les Anglais au XIVe siècle, lors de la célèbre guerre de Blois et de Montfort (3). La façon dont le fait

(1) Pour les A herminés couronnés, voir entre autres, f. 13, 19, 20, 26 v°, 33 v°, 41, 54 v°, 59 v°, 60 v°, 82 v°, etc.; — pour G (qui la plupart du temps est renversé, parce qu'on l'a employé pour un Q) voir f. 40, 41 v°; 45 v°, 47, etc.; — pour Q, voir f. 10 v°, 30 v°, 34 v°, 38, etc.; — pour V, voir f. 20 v°, 27 v°, 36, 78 v°, etc.

(2) Tome II (publiée en 1882), p. 42 à 52, Rennes, Plihon, libraire-éditeur.

(3) *Chroniques de Bretagne* de Bouchart, édit. 1532 et 1541, f. CIII r°.

est raconté dénote dans le narrateur un Rennais : il connait par le détail l'intérieur de l'église Saint-Sauveur, « la caverne » qui éventa la mine des Anglais, les cierges qui brûlent devant la Vierge auteur du miracle, et à propos de cette image, il dit : « Si a faict & fait encores depuis peu de temps plusieurs miracles euidens : « *l'on en diroit bien la verité audict lieu de Rennes*, qui s'en vouldroit enquérir. Dieu a bien monstré qu'il « ayme la nation de Bretaigne autant ou mieux que les aultres nations. »

C'est, on le voit, absolument la même note que dans la conclusion des *Additions* citée un peu plus haut (p. 37 ci-dessus) : note essentiellement bretonne, ici de plus essentiellement rennaise.

De tout ce qui précède nous croyons pouvoir conclure que l'édition des *Chroniques* de Bouchart publiée en 1532 a été imprimée en Bretagne, à Rennes, très probablement par Jean Baudouyn.

Nous ne donnons toutefois cette conclusion que comme une conjecture, conjecture très vraisemblable, très fortement appuyée, en tous cas bien plus fondée et plus légitime que l'opinion attribuant cette édition à Caen et à Michel Angier sur la foi d'une prétendue ressemblance typographique qui n'existe pas.

V

ÉDITION DE 1541

§ 1.

Description typographique.

L'édition de 1532 ayant été tirée à grand nombre, beaucoup d'exemplaires restaient encore neuf ans après aux mains de l'éditeur. Pour les écouler plus aisément, il résolut de les rajeunir en prolongeant les *Additions* jusqu'à l'année courante 1541, en faisant un nouveau titre et donnant au livre l'apparence d'une édition battant neuve. Ou plutôt, ce n'est point l'éditeur de 1532 qui fit ce *ressemelage;* c'est le libraire ou l'imprimeur auquel furent alors vendus en bloc les exemplaires de 1532 demeurés en magasin : nous en donnerons plus loin la preuve décisive. Quoi qu'il en soit, voici comment le ressemelage fut fait.

On commença par la tête, on enleva le titre de 1532, on y substitua un nouveau feuillet avec le titre que nous donnerons tout à l'heure, et on maintint au verso, sur quatre colonnes, l'interminable liste des rois de Bretagne grande et petite aux noms horripilants ; on ne fit pas d'autre toilette à la tête, mais la queue demanda plus de peine.

On continua les *Additions*, nous venons de le dire, jusqu'en 1541. Cette continuation remplit 12 feuillets; il semble qu'il n'y avait qu'à en faire deux cahiers et les coudre à la suite des 43 cahiers de l'édition de 1532, en continuant pour ces 12 ff. la chiffrature de cette édition. Il y avait une petite difficulté : le verso du dernier f. de 1532 (coté CCLXII) était blanc ; il eût donc fallu enlever le feuillet et le remplacer par un carton, au verso duquel eût commencé la continuation des *Additions*. On enleva, en effet, ce dernier feuillet, mais on ne le remplaça point, en sorte que toute la partie des *Additions* de 1532 portée sur ce feuillet n'existe point dans l'édition de 1541.

Non seulement on supprima ce feuillet sans le remplacer, mais on en supprima aussi le chiffre, et l'on cota CCLXIII le premier feuillet de la continuation des *Additions*, en sorte que, dans l'édition de 1541, l'on saute immédiatement du f. coté CCLXI à f. CCLXIII. — Les 12 ff. de la continuation furent partagés en 2 cahiers, signés A et B, chacun de 6 ff., en sorte que, le premier f. étant chiffré CCLXIII, le dernier devrait l'être

CCLXXIIII (274); il l'est en réalité CCLXXVI, parce qu'on a omis dans la chiffrature CCLXIX et CLXX, en sorte qu'on saute sans intermédiaire de CCLXVIII à CCLXXI, et la cote se poursuit en restant jusqu'à la fin trop élevée de deux unités.

Le format est forcément identique à celui de l'édition de 1532, et il en est de même de la hauteur et de la largeur du texte. Toutefois le nombre de lignes contenues dans la colonne diffère : dans l'édition de 1532 il est de 52 lignes; dans les 12 feuillets ajoutés en 1541 à la fin de cette édition, il est de 50 seulement. Ce qui vient de ce que le caractère employé dans ces 12 derniers feuillets diffère lui-même de celui de 1532; il est plus beau, plus gros, et aussi l'aspect de l'impression des 12 ff. de 1541 est-il plus satisfaisant que celui du reste du livre.

§ 2.

Titre et souscription.

Le titre est tiré en rouge et en noir, en voici la copie figurée; la première ligne et les mots ci-dessous imprimés en italique sont en rouge dans l'original :

LES GRANDES ANNALLES OU
Cronicques parlans tant de la grant bretaigne a prefent nõmee *Angleterre* que de noftre petite *Bretaigne*
de prefent erigee en duche. Commenczant au *Roy Brutus* premier
fondateur de tours : & comme il conquift ledict Royaulme de Bre
taigne. Lequel a efte toufiours gouuerne par gens preux : hardiz &
vaillans. Et leurs faictz recueilliz par gẽs fages & difcretz : dan en
an depuis ledict *Brutus & fon nepueu Turnus* Iufques aux ans
de prefent & du refgne du trefpreux & magnanime roy *Francoys*
premier de ce nom Et pareillement recueilly & redige par efcript
plufieurs faictz aduenuz : tant es royaulmes de *France,* Dangleterre
Defpaigne, Defcoffe, Darragon, Nauerre : es ytalies : en Lõbardie
en Iherufalem. Et entre aultres chofes : des *Papes* de leur ele-
ction & eftat. Et du tout iufques en lan prefent mil .v. cens .XLI.
Nouuellement imprimees.

MIL CINQ CENS .XLI..

Si l'on compare ce titre à ceux de toutes les éditions précédentes, on voit qu'il en diffère notablement : le but de l'éditeur a été de faire croire à une édition entièrement neuve et même profondément modifiée de l'ouvrage de Bouchart.

Ce qui contribue encore à changer beaucoup l'aspect du titre, ce sont deux pièces de vers latins, de six distiques chacune, imprimées sur deux colonnes entre la dernière ligne du titre et la date MIL CINQ CENS XLI. Nous y reviendrons plus loin.

LE DUC DE BRETAGNE TENANT SON PARLEMENT

(Édition de 1514, f. 118 v°; édition des Bibliophiles Bretons, f. 180.)

La souscription est au recto du dernier feuillet, coté 276. Il y a d'abord sur ce feuillet 10 lignes d'impression à 2 colonnes, et au dessous la souscription qui est à longues lignes, dont voici la copie figurée :

¶ CY FINISSENT LES CORRECTES & AD
ditionnees Annalles ou Cronicques de Bretaigne
Nouuellement reueues et corrigees : auec plusieurs
adiouſtemens. Et ont eſte acheuees de Impri
mer le neufieſme iour de Iuillet Mil
cinq cens quarante & vng . . .

. . . .
. . . .
. . . .
. . . .
. . . .
. . . . . .
. . . .
. . .

Dans la souscription comme dans le titre, les termes sont calculés pour faire croire qu'il s'agit d'une réimpression totale de l'ouvrage « correcté & additionné », c'est-à-dire, corrigé et augmenté. D'ailleurs, ni dans le titre ni dans la souscription, aucun renseignement sur le nouvel éditeur, sur l'imprimeur des 12 feuillets ajoutés et du nouveau titre, sur le lieu d'impression ni celui de la vente. On n'en a pas moins affirmé et répété que cette édition, comme celle de 1532, est de Caen et de Michel Angier [1]. Ici aussi c'est une assertion gratuite, une pure conjecture, que nous examinerons tout à l'heure.

§ 3.

Remarques diverses.

Les vers latins imprimés sur le feuillet de titre, entre le titre proprement dit et la date, ne sont pas sans intérêt par eux-mêmes et peuvent nous fournir quelque lumière sur l'origine de cette édition, ou plutôt de ce rafraîchissement de l'édition de 1532. Voici la première pièce :

ÆGIDII BIGOTHI HUSSONIENSIS AD BRITANNOS

EPIGRAMMA

Cedat Alexander, Graiûmque acerrimus Aiax,
Romulus, ac belli fulmina Scipiadæ;
Cedat & Auguſtus, ſuperûm dignatus honore,
Et quos priſca duces ſecla tulere prius.

(1) Voir, entre autres, Baron du Taya, *Brocéliande*, p. 329 et 331 ; et Bizeul, *Biographie Bretonne* I, p. 149.

Hos, precor, Annales euolue, Britannia : clarum
Offendes generis ſtemma decuſque tui.
Arturus, extremis magnus quem Iuppiter oris
Præſtat, bello, viribus, arte præit
Heroas memori notos super æthera phama.
Quid referam? Lepidum cuncta volumen habet.
Quare, ſi moueant patrum monimenta Britannos,
Hunc acri relegant ſedulitate librum.

Traduction.

« Qu'on ne vante plus Alexandre, ni Ajax le plus terrible des Grecs, ni Romulus, ni les Scipions, ces foudres de guerre, ni Auguste qui fut mis au rang des dieux, ni aucun des héros de l'antiquité. Bretons, ouvrez, je vous prie, ces Annales; vous y verrez l'illustre origine et la haute gloire de votre race. Arthur, — que Dieu (1) fit régner aux extrémités du monde, — par ses exploits, sa puissance et son génie, ne surpasse-t-il les héros dont la mémoire s'est élevée au-dessus des astres? Pourquoi insister? Cet excellent volume contient tout. Donc, si les souvenirs de leurs ancêtres sont chers au cœur des Bretons, qu'ils lisent et relisent ce livre avec un zèle assidu. »

Gilles Bigot ne se contente pas de cette exhortation générale aux Bretons, il en adressa une autre toute spéciale aux évêques de Bretagne.

EIUSDEM AD EPISCOPOS PARENESIS.

Huc mentem diuerte tuam, ſanctiſſima turba
Pontificum; scitu plurima digna leges.
Vnde tuas ſyncera fides volitauit in oras,
Aſpicies, & auos quicquid in aſtra tulit.
Hic poteris legis phucos abolere prophanæ,
Iuratæque ſequi relligionis iter.
Vt natos laudata mouent exempla parentum
Amplectique patrum fortia facta iubent,
Haud ſecus ad flagrans ſtudium pietatis auitæ
Humanas mentes lectura caſta rapit.
Quocirca, properes lethæum arcere veternum,
Has totis meditans viribus Hyſtorias.

Traduction.

« Troupe sacrée des pontifes [de la Bretagne], tournez votre attention sur ce livre : vous y trouverez bien des choses dignes d'être connues. Vous y verrez d'où la vraie foi est venue, en volant, se fixer sur vos

(1) Le latin porte : *magnus Juppiter*. Jupiter, protecteur du roi Arthur, voilà bien une imagination de la Renaissance, mais qu'un Breton n'aurait jamais eue. Il n'eût pas oublié que, d'après Bouchart même, les hermines de Bretagne sont justement la fourrure du manteau céleste dont la Sainte Vierge couvrit la tête et la vie du grand héros breton. Voir les *Chroniques* de Bouchart, édition 1514, f. 64 r°-v°, édition des Bibliophiles Bretons, f. 50 r°-v°.

bords, et par quelles vertus vos ancêtres ont gagné le ciel. Par là vous pourrez ruiner les mensonges de l'hérésie et suivre à la trace la marche de notre religion sacrée. Les louanges que l'on décerne aux exploits des ancêtres animent et obligent leurs descendants à imiter leurs exemples; de même la lecture des actions pieuses excite dans l'esprit des hommes un vif désir d'imiter la piété de leurs aïeux. Hâtez-vous donc de secouer une torpeur qui pourrait devenir mortelle, et étudiez de toutes vos forces ces Chroniques. »

Pour être en vers latins, ces deux pièces n'en sont pas moins une réclame des mieux conditionnées, un appel des plus pressants aux acheteurs de toute robe et de toute condition, évêques, barons, clercs, laïques, etc. L'auteur de ce double boniment, Gilles Bigot, avait, on n'en peut douter, grand intérêt à la vente de l'édition; pour crier aussi éloquemment, aussi énergiquement : « Prenez mon ours ! » il devait être nécessairement ou l'éditeur ou l'un de ses intimes associés. Nous verrons plus loin le parti à tirer de ce fait.

A titre d'épisode propre à égayer un peu l'aridité de cette bibliographie, citons ici l'énigme chronologique que l'un des acheteurs séduits par les vers de Gilles Bigot a inscrite, pour faire connaître la date de son acquisition, au verso du dernier feuillet de l'exemplaire du Bouchart de 1541, conservé à la Bibliothèque Nationale sous la cote L² k 445. Ce sont des vers aussi, mais des vers français, ou plutôt des rimailles, que voici dans leur orthographe originale :

Le grain qui plus charge et peu vauld;
Ce que plus à cinq hommes deffauld
Irresonables; vne L appres vng yeulX;
Quatre piedz pour chemyner myeulx,
Monstrent vroy comme l'Euangille
Lan que Estienne Morel achepta ce livre.

On trouve assez souvent de ces rébus chronologiques inscrits aux gardes des vieux livres et des manuscrits par leurs possesseurs des XVe, XVIe et même XVIIe siècles. Je pourrais promettre une prime aux lecteurs qui devineraient le mot de celui-ci; j'aime mieux le leur dire de suite : littéralement, c'est *Mil. cinq sens. XL.IIII.* et cela signifie qu'Étienne Morel acheta le livre en l'an 1544 de l'ère chrétienne.

§ 4.

Origine de l'édition.

L'édition de 1532, on l'a vu plus haut, a 52 lignes à la colonne; les douze feuillets ajoutés en 1541 pour continuer les *Additions* jusqu'à cette date n'en ont que 50, et il suffit de comparer attentivement les deux impressions pour s'assurer que le caractère de ces douze feuillets diffère sensiblement de celui de 1532; il est plus neuf et un peu plus fort, c'est justement pour cela que l'éditeur de 1541 a été forcé de diminuer la colonne de deux lignes, tout en lui maintenant, comme il y était obligé, la même hauteur. Cette circonstance prouve nettement que le rafraîchissement de 1541 a une autre origine et sort d'une autre imprimerie que l'édition même sur laquelle il a été appliqué. Car, si c'était le même éditeur, le même imprimeur qui eût produit les douze feuillets ajoutés en 1541, il eût encore possédé et il eût eu bien soin d'employer le même caractère qu'en 1532, afin de donner aux pages nouvelles le même aspect, le même nombre de lignes qu'aux anciennes.

Quand on examine le fond même de la continuation de 1541, la différence d'origine devient encore beaucoup plus sensible. Nous avons constaté tout à l'heure (chap. IV, § 5, p. 37-38 ci-dessus), le vif sentiment de patriotisme breton qui anime les *Additions* ajoutées par l'éditeur de 1532 et surtout la conclusion de ces *Additions*. Le premier soin du rafraîchisseur de 1541 fut, comme on l'a vu, de supprimer le feuillet contenant cette conclusion, qu'il ne rétablit nulle part. Il y a mieux : dans les 22 à 23 pages de continuation ajoutées en 1541, qui forment 44 à 45 colonnes de 50 lignes chacune, soit un peu plus de 2,200 lignes, savez-vous quelle est la part de la Bretagne ? Onze lignes, ni plus ni moins, nous les citerons tout à l'heure. Cependant la période embrassée par la continuation de 1541 comprend des événements de première importance pour cette province. Elle commence au mois d'octobre (1) 1531, et l'année suivante 1532 est celle qui vit se consommer l'union définitive du vieux duché breton à la couronne de France.

Cette annexion ne s'opéra point sans difficulté, ce fut la grosse affaire, le principal événement de l'année. Le roi François Ier vint en Bretagne dès le mois de mai et y resta jusqu'au mois de septembre ; il résida le plus souvent à Châteaubriant, mais il se promena beaucoup, reçut les principaux seigneurs, visita les principales villes : Rennes, Nantes, Vannes où se devaient tenir les États, par qui l'on voulait faire demander l'union, ce qu'ils firent en effet dès le commencement du mois d'août dans une requête que le roi, bien entendu, octroya de suite : après quoi, pour montrer son bon vouloir à garder l'autonomie du duché, il le donna en apanage à son fils aîné, et envoya celui-ci se faire couronner duc de Bretagne à Rennes sous le nom de François III, ce qui eut lieu le 14 août en grande pompe et donna lieu à de grandes fêtes. Le même jour, la reine Éléonore faisait à Nantes une entrée solennelle, suivie, le 18 août, de celle non moins solennelle, en la même ville, du nouveau duc de Bretagne (2). On a des relations de ces fêtes ; celle du couronnement de François III n'occupe pas moins de dix colonnes in-folio dans les *Preuves de l'Histoire de Bretagne* (III, col. 1001 à 1010). Jugez quel régal cela aurait fait pour l'auteur des *Additions* de l'édition de 1532, si friand de ces pompeuses cérémonies, si bon patriote breton : il en aurait eu au moins dix pages. Le ressemeleur ou, si vous voulez, le rafraîchisseur de 1541 expédie toutes ces belles fêtes et tous ces grands événements en onze lignes, dont il faut voir la sécheresse :

« Au moys de may de lan mil .v. c. xxxii. (dit-il) le roy & la royne & Meſſeigneurs ſes enfans allerent en Bretagne, & viſita le roy les principales villes & la pluſpart dudit pays, & y fut iuſques au moys daouſt enſuyuant : pendant lequel temps la royne feit ſon entree en la ville & cite de Nantes & auſſi mondict ſeigneur le daulphin, où furent faictz grands triumphes. Et ſe tint le roy le plus de temps à Chaſteaubriant, pour la plaiſance du lieu & la chaſſe dentour ledict lieu (3). »

Rien de plus : pas un mot des États de Vannes ni de l'union de la Bretagne à la France. Pour le nouvel éditeur c'est là un événement insignifiant, qui ne vaut pas l'encre perdue à lui consacrer une ligne.....

De 1532 à 1541, d'autres faits importants survinrent en Bretagne : en 1535, la restitution du comté de Penthièvre au légitime héritier Jean de Brosses, duc d'Étampes (4), qui devint, quelques années plus tard, gouverneur de la province ; — en 1536, la mort du daulphin, très ressentie en Bretagne, dont il était duc (on vient de le voir) sous le nom de François III ; — en 1537, le voyage à Nantes de la reine de Navarre, sœur de François Ier, avec de belles fêtes (5) ; — en 1540, la donation du duché de Bretagne au nouveau dauphin qui fut plus tard le roi Henri II et qui, en attendant, prit le titre de son duché, à la grande joie des Bretons (6).

(1) Voir édit. orig., f. CCLXIII ; édit. des Bibliophiles Bretons, f. 300, col. 2, lignes 20-21.
(2) Voir TRAVERS, *Histoire de Nantes*, t. II, 297-298.
(3) Édit. de 1541, f. CCLXIII v°. Édit. des Bibliophiles Bretons, f. 300 v°, col. 2, lignes 31-41.
(4) D. MORICE, *Preuves de l'Histoire de Bretagne*, III, col. 1021, 1027, 1028.
(5) TRAVERS, *Histoire de Nantes*, II, p. 309.
(6) D. MORICE, *Ibid.*, III, 1035, 1038.

De tous ces faits notables, qui eurent un grand retentissement dans la province, aucun n'est rappelé d'aucune façon par le continuateur de 1541, qui ne semble pas les avoir soupçonnés.

Mais, dans la continuation de 1541, il y a une province de France beaucoup plus favorisée que la Bretagne : ce n'est ni la Normandie, ni l'Anjou, qui n'y sont, ni l'une ni l'autre, mentionnées une seule fois. La région à qui notre *rafraîchisseur* a réservé toutes ses complaisances, c'est le Poitou. — En novembre 1531, le roi porte une ordonnance révoquant les aliénations faites par ses prédécesseurs au détriment du domaine de la couronne : l'éditeur de 1541 ne s'en préoccupe qu'en ce qui touche deux seigneuries poitevines, la vicomté de Thouars et la châtellenie de Gençai ; mais, pour ces deux-là il s'en préoccupe longuement et il leur consacre toute une colonne (f. CCLXIII). Un peu plus loin, il relate avec détail la mort et les funérailles d'André de Vivonne, sieur de la Chastaigneraie, sénéchal du Poitou (f. CCLXIII v°). Ailleurs, c'est un récit des montres de la noblesse du Poitou tenues à Poitiers en juin et juillet 1534, avec une telle précision dans les noms et les circonstances locales, qu'il émane visiblement d'un témoin oculaire (1). En août 1536, il note avec soin un séjour de trois semaines fait par François Ier, en compagnie du jeune roi d'Écosse, à Châtellerault, « car, ajoute-t-il, c'eſt un tres beau lieu & delectable pour les princes qui aiment la chaſſe. » (f. CCLXXII v°). Vers la fin de l'année 1539, François Ier se trouvait à Nantes, d'où il alla à Châtellerault au-devant de l'empereur Charles-Quint, qui traversait la France pour se rendre dans les Pays-Bas. Le continuateur de 1541 se garde bien de parler de Nantes, mais il saisit avidement cette occasion de placer là un second éloge de Châtellerault, « beau & plaiſant lieu, tant en chaſſe que autre paſſe-temps, à cinq lieues ou enuiron de Poictiers » (f. CCLXXIII v°), et il a bien soin, un peu plus loin, de vanter « l'entrée tres belle & tres ſolennelle » faite à Poitiers par l'empereur (f. CCLXXIV r°).

Bref, dans les douze feuillets et les 2,200 lignes ajoutées aux *Additions* de l'édition de 1532 par le continuateur de 1541, la Bretagne n'a qu'onze lignes, mais le Poitou en a cent vingt, c'est-à-dire plus de dix fois autant.

La conclusion s'impose : c'est que le *ressemelage* des *Chroniques* de Bouchart désigné habituellement sous le nom d'édition de 1541 a été exécuté en Poitou, et sans doute à Poitiers. Pour lever tout doute, s'il en restait, il suffirait de remarquer que l'auteur des deux réclames en vers latins traduites plus haut, qui est certainement, nous l'avons vu, l'éditeur même ou son intime associé, Gilles Bigot se qualifie *Hussoniensis*, c'est-à-dire natif du lieu d'*Husson* ou *Usson*, aujourd'hui grande commune (2,200 habitants) du canton de Gençai, arrondissement de Civrai, département de la Vienne, à neuf lieues de Poitiers.

Inutile, après tout ce qui précède, de discuter l'hypothèse attribuant à l'édition rafraîchie de 1541 une origine caennaise. Toutes les objections contre cette origine, fournies par l'édition de 1532, continuent nécessairement de subsister. Quant aux feuillets ajoutés, leur examen, loin de nous ramener vers Caen, nous en écarte de plus en plus, — puisqu'il nous mène, comme on voit, jusqu'à Poitiers.

(1) « Leſquelles monſtres furent remiſes a la fin du moys de iuing enſuyuant (1534), & furent receues a Poictiers par le ſeigneur de la Roche de Pouzay, a ce commis en abſence du ſenechal de Poictou, & par ſire Françoys Doyneau, ſeigneur de Saincte Souline & lieutenant general de la ſenechaucée de Poictou, & durerent IX ou X iours & iuſques au tiers iour de iuillet enſuyuant, où les gentilzhommes ſe trouuerent en bon ordre & furent taxez, & auſſi ceulx qui tiennent en fief & arriere fief du roy, combien ilz feroient d'hommes darmes, archiers & couſtilliers. » (Bouchart, édit. 1541, f. CCLXIIII v°; édit. des Bibliophiles Bretons, f. 302, col. 1, ligne 18-39. Voir les autres passages concernant le Poitou dans l'édition des Bibliophiles Bretons, f. 300 v°, 301, 308, 309 v°.)

VI

ÉDITION DES BIBLIOPHILES BRETONS

§ I.

Résumé sur les anciennes éditions.

Avant de parler de la récente réimpression des *Chroniques* de Bouchart, résumons l'histoire de ce livre au XVIe siècle.

La première édition, donnée à Paris en 1514 sous les yeux de l'auteur, est une œuvre typographique soigneusement exécutée, où l'on n'a rien épargné pour bien faire. Elle dut avoir du succès puisque, le privilège de Galliot du Pré à peine expiré, la spéculation se hâta de lancer sur le marché une édition nouvelle à bon marché — du moins à un bon marché relatif — exécutée sans l'aveu de l'auteur.

Très inférieure typographiquement à celle de 1514, offrant un texte quelque peu altéré, mais, d'autre part, enrichie d'*Additions* bien conçues, l'édition de Caen de 1518, exploitée par un Normand expert en librairie, s'empara de la place, et tant qu'elle ne fut pas écoulée, elle empêcha le premier éditeur de réimprimer le livre.

Au bout de treize ans elle était vendue, le public demandait l'ouvrage. Galliot du Pré s'associa Jean Petit, et ces deux célébrités de la vieille librairie parisienne firent de l'édition de 1531 une œuvre typographique très digne de leur juste réputation. Mais ils commirent une faute capitale en s'abstenant de reproduire les *Additions* de 1518 et de les continuer dans le même système jusqu'à 1531, surtout en les remplaçant comme ils le firent par un méchant abrégé, court, sec, étriqué, sans couleur et sans saveur.

Le public réclama impérieusement les curieuses et plantureuses *Additions* de 1518; d'autre part, il fut un peu écarté par le prix nécessairement élevé du beau volume de Du Pré et de Jean Petit. Aussi, cette nouvelle impression n'étant point comme celle de 1514 protégée par un privilège triennal, dès l'année suivante (1532) elle eut à subir la concurrence d'une autre édition à bon marché, reproduisant (sous des dispositions assez différentes) le système général de l'édition de Caen 1518, reproduisant de même ses *Additions* et les continuant jusqu'en juillet 1531 tout à fait dans le même goût, mais avec une dose plus forte, plus vive d'esprit breton, manifesté non seulement dans le texte de l'ouvrage, mais aussi dans sa typographie tout émaillée de lettres à l'hermine. Aussi cette édition était-elle (on a tout lieu de le croire) issue du sol breton, de Rennes, — et c'est la seule qui ait été faite en Bretagne.

Elle s'y répandit beaucoup. Elle dut avoir un tirage et une vente considérables; aujourd'hui encore, sans être communs, ses exemplaires sont bien plus fréquents que ceux de toutes les autres éditions. Elle dut nuire singulièrement au débit de celle de 1531. Elle fut en réalité la dernière édition de Bouchart, car le rafraîchissement plus ou moins heureux qu'on en fit à Poitiers, neuf ans après (en 1541), n'eut d'autre but, d'autre importance, que de faciliter l'écoulement des exemplaires restés en magasin.

J'ai dit tout à l'heure que l'édition de Paris de 1531 n'était pas, comme celle de 1514, protégée par un privilège triennal. Cependant, si l'on se reporte à son titre publié ci-dessus, on lit au pied les mots : *Avec privilège*. Sur le titre de l'édition de 1532 on lit aussi : *Cum privilegio*, et de même sur celle de 1518.

LA BATAILLE D'AURAI

(Édition de 1514, f. 172 v°; édition des Bibliophiles Bretons, t. 129.)

En réalité, aucun des éditeurs de 1518, de 1531 ni de 1532 n'obtint de privilége véritable, c'est-à-dire de lettres du roi lui assurant, pour un laps de temps déterminé, le droit exclusif d'imprimer et vendre l'ouvrage de Bouchart. Sur les titres de ces trois éditions le mot de *privilège* n'a d'autre signification que celle de « permission d'imprimer »; et si l'on use du mot « privilège », c'est qu'en effet la permission résultait du privilège primitif accordé le 6 mai 1514 à Galliot du Pré; car, une fois la durée du monopole concédé à celui-ci écoulée, restait l'approbation donnée à l'ouvrage, dans ce privilége même, par l'autorité royale, approbation permettant à tout imprimeur de le reproduire et à tout libraire de le vendre. *Privilège*, sur ces trois titres, ne peut avoir d'autre sens.

Après 1541 on ne réimprime plus Bouchart, et cependant, pendant une période de quarante ans, on ne voit paraître aucune nouvelle Histoire de Bretagne. Mais en avançant dans le XVIe siècle, le progrès des études, la lecture plus répandue des historiens anciens rendait les esprits plus exigeants. On trouvait un peu trop primitives les fables, les erreurs, même la naïveté du bon Bouchart. On voulait quelque chose de plus sérieux. L'*Histoire de Bretagne* de d'Argentré vint, en 1582, donner satisfaction à ces exigences.

Aujourd'hui, trois siècles et demi après la dernière édition de Bouchart, son œuvre est devenue si rare que, pour les érudits comme pour les amateurs de livres curieux écrits en vieux langage, le besoin d'une réimpression s'est fait sentir. Voilà ce qui a décidé la Société des Bibliophiles Bretons à entreprendre la publication dont nous allons parler brièvement. C'est par là que nous terminerons cette notice.

§ 2.

L'Édition nouvelle.

C'est dans la séance du 5 avril 1878, que la *Société des Bibliophiles Bretons et de l'Histoire de Bretagne*, sur la proposition de M. Henri Lemeignen, l'un de ses vice-présidents, décida la réimpression des *Chroniques de Bretagne* de Bouchart. L'initiative de M. Lemeignen lui donnait le droit et le devoir de diriger cette réimpression; c'est lui en effet qui en a été chargé. Pour l'exécuter, la Société des Bibliophiles Bretons s'est assuré le concours d'un éditeur breton, zélé et intelligent, M. Hyacinthe Caillière, de Rennes, qui s'est chargé de la partie de l'édition destinée à être mise dans le commerce. — Le titre de cette nouvelle édition est ainsi conçu :

« LES GRANDES CHRONIQUES DE BRETAIGNE, *composées en l'an 1514 par* MAISTRE ALAIN BOUCHART. Nouvelle édition, publiée sous les auspices de la *Société des Bibliophiles Bretons et de l'Histoire de Bretagne*, par H. LEMEIGNEN, l'un de ses vice-présidents.— Nantes, Société des Bibliophiles Bretons, M.DCCC.LXXXVI. »

Les exemplaires mis dans le commerce portent pour adresse :

« Rennes, H^the Caillière, libraire-éditeur, Place du Palais, 2. M.DCCC.LXXXVI. »

Cette édition se divise en trois parties : 1° le titre moderne, que nous venons de transcrire, et l'Introduction, contenant une notice sur Bouchart et son œuvre; 2° la reproduction des *Chroniques de Bretagne* et de leurs *Additions;* 3° un Appendice contenant divers *Extraits* de deux éditions des *Chroniques de Bretagne* non compris dans la reproduction précédente, et à la suite de ces *Extraits*, la présente étude bibliographique sur l'œuvre de Bouchart. Nous ne décrirons ici en détail que la seconde partie de cette publication, celle qui reproduit les *Chroniques* et leurs *Additions*.

Cette nouvelle édition, imprimée en caractère romain, sur deux colonnes, est d'un format in-4 ayant de hauteur 277 millimètres sur 223 de largeur. La hauteur du texte est de 194 millim. sur 152 de largeur, chaque colonne étant large de 72 millim. 1/2, et l'espace entre les colonnes de 7 millim. La colonne porte 47 lignes.

Le nombre des feuillets est de 326, chiffrés non par page mais par feuillet, le premier non chiffré, et les autres chiffrés de 1 à 325. Ces 326 feuillets sont répartis en 82 cahiers signés 1 à 82 et contenant chacun 4 feuillets, sauf le cahier 19 qui n'en contient que deux.

Les chapitres ont des titres en caractère gothique et, pour initiales, des lettres ornées découpées en blanc sur fond criblé. Fleurons tête de page et culs-de-lampe en style gothique de très bon goût. — Le titre de l'édition de Bouchart de 1514, le privilège de cette édition sont reproduits en gothique, en fac-similé, au f. 1 recto et verso, et de même la souscription de la même édition au f. 241 verso.

On a reproduit aussi en fac-similé huit des neuf gravures sur bois consacrées à des sujets bretons dans l'édition de Bouchart de 1514, savoir :

II. — Portrait d'Alain Bouchart, au verso du 1er feuillet non chiffré.

I. — Écusson de Bretagne soutenu par deux anges, f. 1; répété aux ff. 101 v°, 171, 203, 207, 285 v°.

III. — Siège du Capitole par les Gallo-Bretons, f. 10.

VII. — Les Saints de Bretagne, f. 37; répété au f. 275.

VIII. — Combat d'Arthur et de Flollo, f. 50.

XI. — Saint Yves, f. 111.

XII. — La bataille d'Aurai, f. 129.

X. — Le duc de Bretagne en son Parlement, f. 180; répété aux ff. 194 et 204.

Le texte a été constitué 1° par la reproduction intégrale de l'édition de Bouchart de 1514, contenant l'œuvre propre de ce chroniqueur divisée en quatre livres, finissant à la mort du dernier duc de Bretagne François II, en 1488; — 2° par la reproduction intégrale des *Additions* les plus complètes, c'est-à-dire de celles de 1541.

Les quatre livres de la *Chronique* de Bouchart occupent les 241 premiers feuillets de la nouvelle édition : livre I, f. 1; livre II, f. 36; livre III, f. 74; livre IV, f. 107 à 241.

Les *Additions* s'étendent du f. 242 au f. 311 v°. — Celles de l'édition de 1518 finissent au f. 287 v°, col. 2, ligne 20. La première continuation contenue dans l'édition de 1532 commence à la ligne suivante et se termine au f. 300 r°, col. 2, ligne 3, à ces mots : « à Sainct Denis en France ». La seconde continuation, contenue dans l'édition de 1541, commence à cette même ligne : « auecques les roys de France » et va jusqu'à la souscription qui termine le f. 311 v°.

La Table, très développée, n'occupe pas moins de 14 feuillets, de 312 à 325.

Enfin, la première partie de l'*Appendice* contient quatre morceaux, tirés des éditions de 1518 et de 1532, et qui n'existent ni dans l'édition princeps de 1514 ni dans les *Additions* de 1541, savoir : 1° la relation détaillée du baptême du dauphin, fils aîné du roi François Ier et de la reine Claude (extrait de l'édition de 1518); 2° l'Épître préliminaire de l'imprimeur au lecteur, édition de 1532; 3° relation d'un miracle arrivé en l'église Saint-Sauveur, à Rennes, pendant le siége de cette ville par les Anglais, lors de la guerre de Blois et de Montfort (édit. de 1532); 4° le dernier feuillet des *Additions* de l'édition de 1532.

Les exemplaires de ce livre destinés aux membres de la Société des Bibliophiles bretons sont sur papier vergé teinté. Il en a été tiré d'autres sur papier vergé ordinaire, sur papier de Hollande, enfin sur papier Whatmann.

Cette belle publication fait le plus grand honneur aux presses d'où elle sort et à celui qui les dirige avec tant de goût, de soin et d'intelligence, notre Elzévir breton, — M. Alphonse Le Roy.

Alain Bouchart méritait-il cette fortune de voir, trois siècles et démi après sa mort, son œuvre ressusciter sous une forme aussi parfaite?

Devant cette question la critique historique hésiterait peut-être, quoique les récits du vieux chroniqueur fournissent sur bien des points des renseignements d'un grand intérêt. Mais, pour l'histoire littéraire de la Bretagne Bouchart a une importance incontestable : les formes archaïques de son style, sa naïveté simple et un peu fruste, alliée à un vif sentiment breton, lui donnent un caractère très original. Les Bretons lui sauront éternellement gré de leur avoir conservé, entre autres, la fière réponse des Rennais au vainqueur de Saint-Aubin du Cormier qui, le lendemain de sa victoire, les faisait sommer, par ses hérauts, de lui rendre leur ville et qui n'obtint d'eux que ce refus :

« Ne penſez pas pourtant, ſi le roy a eu la victoire à Sainct Aulbin du Cormier, que ayez ainſi facile-
« ment le ſourplus (de la Bretaigne)... Il y a en ceſte ville de Rennes XL. mil hommes, dont les XX. mil ſont
« de telle réſiſtance que, moyennant la grace de Dieu, en qui giſt toute noſtre confidence, ſi le ſeigneur de
« la Trimouille & ſon armée viennent affiéger ceſte ville, ilz y feront ſi bien ſervis que autant y gaigneront
« comme ilz ont gaigné devant la ville de Nantes [1]. Nous ne craignons le roy ne toute ſa puiſſance. Pour
« tant, retournez au ſeigneur de la Trimouille & luy faictes le rapport de la ioyeuſe reſponce que nous vous
« avons faicte : car de nous ne aurez aultre choſe pour le preſent. »

Et ce fut Jacques Bouchart, greffier du Parlement de Bretagne, frère ou cousin de notre Alain Bouchart, qui signifia de sa propre bouche cette noble réponse aux gens du roi de France.

(1) L'année précédente (1487) les Français, après quatre mois d'efforts inutiles, avaient été obligés de lever le siège de Nantes. — Nous citons ici le texte de l'édition de 1532, un peu différent de celui de 1514 reproduit par l'édition des Bibliophiles Bretons.

ACHEVÉ D'IMPRIMER

Le 10 Mai mil huit cent quatre-vingt-neu

PAR ALPHONSE LE ROY

IMPRIMEUR BREVETÉ

A RENNES

www.ingramcontent.com/pod-product-compliance
Ingram Content Group UK Ltd.
Pitfield, Milton Keynes, MK11 3LW, UK
UKHW020441230726
13925UKWH00004B/1762